DEUTSCHLAND
SCHWEIZ
LIECHTENSTEIN
SCHWEIZ
Tirol
Bodensee
BREGENZ
Lochau
Pfänder
1063
Pfändertunnel
(6719 m)
Langen b. B.
Sulzberg
Hard
Fußach
Kennelb.
Buch
Riefensberg
Langenegg
Krumbach
Hittisau
Burgen
Wolfurt
Alberschwende
Lustenau
Schwarzach
Egg
Lingenau
Andelsbuch
Sibratsgfäll
Schwarzenberg
Dornbirn
Karren
Reute
Rappenloch-
schlucht
Bersbuch
Bezau
Bregenzerwald
Altach
Hohenems
Ebnit
Reuthe
Bizau
Schönenbach-
vorsäß
Koblach
Meschach
Mellau
Bregenzerwald-
Bundesstraße
H. Ifen
2230
Riezlern
Hirschegg
Zollausschluß-
gebiet
Kleinwalsertal
Götzis
Bregenzer Ach
Fraxern
H. Freschen
2004
Kanisfluh
Au
Mittelberg
(1215)
Rhein
Viktorsberg
Röthis
Schoppernau
Baad
Breitach
Meiningen
Sulz
Damüls
Rankweil
Bad
Laterns
Altenstadt
Faschina
Amberg
Innerlaterns
Furkajoch
1760
Hochtannbergp.
1679
Hochkrumbach
Feldkirch
Tälispitze
2000
Fontanella
Buchboden
Sonntag
Warth
(1494)
Satteins
Schnifis
Blons
Gr. Walsertal
Schlins
Thüringen
Lech
Bludesch
Ludesch
Walgau
Rote Wand
2704
Nenzing
Bludenz
Zug
Flexenstraße
Innerbraz
Zürs
Spullersee
Flexenpaß
1773
Bürserberg
Bürs
Wald
a. A.
Klösterle
Stuben
Arlbergpaß
1793
Eröffnung
1997
Klostertal
Rosenegg
Gamperdonatal
Brandnertal
St.
Anton i.M.
Dalaas
Zimba
2643
Arlbergtunnel
(13972 m)
Brand
Vandans
Bartholomäbg.
Silbertal
Schruns
Montafon
Schesaplana
2965
Tschagguns
Hochjoch
2520
Kaltenberg
2896
Lünersee
Verwallgruppe
Sulzfluh
2818
St.
Gallenkirch
Madererspitze
2769
Sarotla
Gaschurn
Gargellen
Partenen
Vergalda
Silvretta-
Hochalpenstraße
Vallüla
2813
Silvretta-
Stausee
Gr. Seehorn
3121
Piz Buin
3312
202
203
204
A14
190
200
205
201
193
S16

# Wegen
# der Gegend

Für Monika, Egon, Susi, Nina und Ines

Literarische Reisen
durch Vorarlberg

# Wegen der Gegend

Herausgegeben von Barbara Higgs
und Wolfgang Straub

Fotos von Paul Albert Leitner

Eichborn.

Wir danken:
Christian Baier, Alfons Bereuter, Oskar und Verena Brunner, Wolfgang Fetz, Wolfgang Hermann, Mirjam Jessa, Roland Jörg, Herbert Maurer, Petra Nachbaur, Doris Rinke, Nicole Streitler, Jürgen Thaler, Bernhard Tschofen, Elisabeth Wäger sowie dem Landesverband Vorarlberg Tourismus, der Vorarlberger Landesregierung und dem Verlag Schubert & Franzke
Besonderen Dank an Boris Marte

# Inhalt

Bauer in Alberschwende, Bregenzerwald

Bregenz, Seepromenade

# Hilfe kommt aus Bregenz

*»Hilfe kommt aus Bregenz … Bregenz in Vorarlberg.« – »Das ist weit.«*
*Franz Kafka: Tagebuch*

Mit diesem Dialog aus Franz Kafkas Tagebuch – es ist übrigens der einzige Bezug zu Vorarlberg in Kafkas Werk – nähern wir uns auf unserer literarischen Reise dem westlichsten Bundesland Österreichs.

Diese Worte zwischen Arzt und Krankem wurden 1916 in Prag aufgezeichnet, sie skizzieren aber auch die noch heute im übrigen Österreich herrschende Meinung: Ins »Ländle« – wie die Einwohner ihre Region liebevoll nennen – ist es weit.

Es stimmt, die Hauptstadt Wien ist weit weg und der Nachbar Tirol nur über Alpenpässe oder lange Tunnels erreichbar. Aber europäisch betrachtet, ist gerade die Lage im Herzen des Kontinents, mit den drei Ländern Deutschland, Schweiz und dem Fürstentum Liechtenstein als unmittelbare Nachbarn, ein Trumpf. So öffnet sich das Land zwischen Gletschereis und »schwäbischem Meer« gegen Norden und Nordwesten und bildet mit dem Bodensee über die Grenzen hinweg eine landschaftliche und weitgehend auch kulturelle Einheit.

Vorarlberg ist ein kleines Land. Die Einwohnerzahl ist zwar die niedrigste und die Fläche ist, abgesehen von Wien als Bundesland, die kleinste, doch die Wertschöpfung pro Einwohner ist wiederum nach Wien die höchste. Es mangelt hier nicht an Selbstbewusstsein, bedingt durch die wirtschaftliche Stärke sowie kulturelle und historische Eigenheiten, die das »Ländle« vom übrigen Österreich wesentlich unterscheiden. Vorarlberg nimmt mit seiner beispielgebenden zeitgenössischen Architektur eine Vorreiterrolle ein, Bregenzer Festspiele und Schubertiade begeistern jedes Jahr Musikfreunde aus aller Welt. Die Bevölkerung ist hauptsächlich alemannischer Herkunft, daher kommen die jenseits des Arlbergs kaum verständlichen Dialekte – wir werden ihnen in Bludenz und Blons begegnen.

Eigenheiten finden wir auch in Texten der jungen Literaturszene. Vorarlberg soll österreichweit die höchste Pro-Kopf-Rate an Poeten haben. Mit ihrem Aufbegehren gegen Enge und Konservatismus überschreiten viele Autoren die Landesgrenzen, nicht wenige sind in der internationalen Literaturlandschaft fest etabliert.

Vorarlberg ist auch Schauplatz der Weltliteratur: James Joyce schrieb in einem Brief, dass sich in Feldkirch »1915 das Schicksal des Ulysses entschieden« habe, 1932 hielt er sich erneut vier Wochen lang in Feldkirch auf. Hemingway überarbeitete im Montafon »Fiesta« und ging mit John Dos Passos skifahren. In seinem Erinnerungsbuch »Paris – ein Fest fürs Leben« widmet er seinem Vorarlberger Winter 1925/26 einen langen Abschnitt. Thomas Mann beschreibt in seinem »Zauberberg« die berühmte Feldkircher Jesuitenschule »Stella Matutina«:

»Damals aber auch, unmittelbar nach dem Verscheiden der Mutter, hatte Leo die Bekanntschaft des Paters Unterpertinger gemacht. Der Sechzehnjährige saß einsam auf einer Bank in den Parkanlagen des sogenannten Margarethenkopfes, einer Anhöhe westlich des Städtchens, am Ufer der Ill, von wo man einen weiten und heiteren Ausblick über das Rheintal genoß, – saß dort, verloren in trübe und bittere Gedanken über sein Geschick, seine Zukunft, als ein spazierendes Mitglied des Lehrkörpers vom Pensionat der Gesellschaft Jesu, genannt »Morgenstern«, neben ihm Platz nahm [...] und [...] eine Unterhaltung begann, die sich sehr lebhaft entwickelte und für Leos Schicksal entscheidend werden sollte.«

Wir beginnen unsere Reise am Ufer des Bodensees und führen unsere Leser hinauf zu den Bregenzer Hausbergen, von wo man bei gutem Wetter nahezu das ganze Land überblickt: Vom Bodensee über das Rheintal und dem Bregenzerwald bis hin zu den Dreitausendern der Silvretta. Im Kapitel »Rheintal« folgen wir der österreichisch-schweizerischen Grenze und streifen die schönen, alten Städte. Die beiden letzten Kapitel geben Einblick in Leben und Landschaft des Bregenzerwaldes und der Alpentäler.

Um das Weiterlesen der zitierten Bücher zu erleichtern, findet sich auf den letzten Seiten ein Autoren- und Quellenverzeichnis. Die »Adressen und Hinweise« enthalten Informationen zu den erwähnten Sehenswürdigkeiten, Forschungsstellen, Veranstaltungsorten sowie zu den örtlichen Tourismusverbänden.

Wir wünschen vergnügliche Reisen durch Vorarlberg. Es gibt viel zu erkunden durch die Augen der Dichter.

Barbara Higgs, Wolfgang Straub
Frühjahr 2000

Hohenems

# I. Bodensee, Bregenz

# Gustav Schwab: Der Reiter und der Bodensee

*Das gebirgige Vorarlberg – mit dem restlichen Österreich einzig durch Alpenpässe und Tunnels verbunden – öffnet sich gegen Norden und Nordwesten. Am Bodensee, dem »schwäbischen Meer«, weitet sich das Land, hin zu den Nachbarländern Schweiz und Deutschland, und bildet über die Grenzen hinweg eine landschaftliche Einheit. Gerade in literarischer Hinsicht wurde oft eine Zusammengehörigkeit und Eigenständigkeit der Bodenseelandschaft reklamiert. Mit seinem 1827 erschienenen Bodensee-Buch war der bekannte Lyriker und Antike-Nachdichter Gustav Schwab einer der*

An Bord des Schiffes »Austria«, Bodensee

*wichtigsten Propagandisten dieser grenzübergreifenden Einheit. In der darin enthaltenen Ballade »Der Reiter und der Bodensee« variiert er den sprichwörtlichen, legendenumwobenen Ritt über den Bodensee, der auf der seltenen Erscheinung der sogenannten Seegfrörne basiert: Äußerst selten friert der See winters ganz zu, seit der ersten bezeugten Seegfrörne 875 geschah dies erst 33mal (letztmalig 1963). Die Überquerung – zumal auf dem Pferd – galt als großes Wagnis, und man bewunderte die Kühnheit des Überquerers.*

Der Reiter reitet durchs helle Thal,
Auf Schneefeld schimmert der Sonne Strahl.
Er trabt im Schweiß durch den kalten Schnee,
Er will noch heut an den Bodensee;
Noch heut mit dem Pferd in den sichern Kahn,
Will drüben landen vor Nacht noch an.
Auf schlimmem Weg über Dorn und Stein
Er braust auf rüstigem Roß feldein.
Aus den Bergen heraus, ins ebene Land,
Da sieht er den Schnee sich dehnen wie Sand.
Weit hinter ihm schwinden Dorf und Stadt,
Der Weg wird eben, die Bahn wird glatt.
In weiter Fläche kein Bühl, kein Haus,
Die Bäume giengen, die Felsen aus;
So flieget er hin eine Weil' und zwei,
Er hört in den Lüften der Schneegans Schrei;
Es flattert das Wasserhuhn empor,
Nicht anderen Laut vernimmt sein Ohr;
Keinen Wandersmann sein Auge schaut,
Der ihm den rechten Pfad vertraut.
Fort geht's, wie auf Sammt, auf dem weichen Schnee,
Wann rauscht das Wasser, wann glänzt der See?
Da bricht der Abend, der frühe, herein:
Von Lichtern blinket ein ferner Schein.
Es hebt aus dem Nebel sich Baum an Baum,
Und Hügel schließen den weiten Raum.
Er spürt auf dem Boden Stein und Dorn,
Dem Rosse gibt er den scharfen Sporn.
Die Hunde bellen empor am Pferd,
Und es winkt im Dorf ihm der warme Herd.
»Willkommen am Fenster, Mägdelein,
An den See, an den See, wie weit mag's sein?«
Die Maid, die staunet den Reiter an:
»Der See liegt hinter dir und der Kahn.
Und deckt' ihn die Rinde von Eis nicht zu,

Ich spräch', aus dem Nachen stiegest du.«
Der Fremde schaudert, er athmet schwer:
»Dort hinten die Eb'ne, die ritt ich her!«
Da recket die Magd die Arm' in die Höh':
»Herr Gott, so rittest du über den See;
An den Schlund, an die Tiefe bodenlos
Hat gepocht des rasenden Hufes Stoß!
Und unter dir zürnten die Wasser nicht?
Nicht krachte hinter die Rinde dicht?
Und du wardst nicht die Speise der stummen Brut,
Der hungrigen Hecht' in der kalten Flut?«
Sie rufet das Dorf herbei zu der Mähr',
Es stellen die Knaben sich um ihn her;
Die Mütter, die Greise, sie sammeln sich:
»Glückseliger Mann, ja, segne du dich!
Herein zum Ofen, zum dampfenden Tisch,
Brich mit uns das Brot und iß vom Fisch!«
Der Reiter erstarret auf seinem Pferd,
Er hat nur das erste Wort gehört.
Es stocket sein Herz, es sträubt sich sein Haar,
Dicht hinter ihm grinst noch die grause Gefahr.
Es siehet sein Blick nur den gräßlichen Schlund,
Sein Geist versinkt in den schwarzen Grund.
Im Ohr ihm donnert's wie krachend Eis,
Wie die Well' umrieselt ihn kalter Schweiß.
Da seufzt er, da sinkt er vom Roß herab,
Da ward ihm am Ufer ein trocken Grab.

# Kundeyt Surdum: Ich taste das Meer ab

Bregenz, Seepromenade

*Österreich nennt zwar nur einen kleinen Teil des Bodensees sein eigen (30 Kilometer des Ufers gehören zu Österreich), aber die Weite und Größe des Sees lassen auch in der Bregenzer Bucht maritime Assoziationen zu. So ist erklärlich, daß sich Kundeyt Surdum hier an das Marmarameer erinnert fühlt. In den Gedichten des Buches »Landlos« beschäftigt sich der Autor eindringlich und einfühlsam mit der Situation der Türken in Vorarlberg. Seit der massiven Industrialisierung Vorarlbergs Ende des 19. Jahrhunderts – die Textilindustrie war und ist die bedeutendste Branche – kamen viele sogenannte Gastarbeiter ins Land. In den sechziger und siebziger Jahren des 20. Jahrhunderts waren es vor allem Arbeiter aus Jugoslawien und der Türkei. Der Bevölkerungsanteil der »Fremden« in Vorarlberg liegt heute bei ungefähr zehn Prozent. Hat vor allem die »erste Generation« der Zuwanderer oft mit Heimatlosigkeit oder Einsamkeit zu kämpfen (»Die Hoffnung und die / Hoffnungslosigkeit, unser / Zustand«), kann sie von jener Seite, die sie als Gäste eingeladen hat, nicht immer mit Verständnis rechnen.*

Ich taste das Meer ab, erinnere mich an das
salzige, nach Jod riechende Wasser, berühre
den See.

Ich setze mich auf eine Bank, sehe über den
See, sehe das Meer.
Ich horche, höre Deutsch.
Ich glaube den Nebel von Istanbul zu sehen,
sehe den Nebel vom
Bodensee. Das Wasser ist überall
sonnenbespritzt. Der Staub ist überall.
Die Menschen, die vor mir wandern, unter-
scheiden sich von den Menschen in Istanbul
durch ihre Kleidung.
Ich niese dort und hier, wenn ich plötzlich in
die Sonne schaue.

Was erwartet man mehr von einem Strand.

## Ulrike Längle:
## See am Morgen

*Ulrike Längle ist eine der agilsten Vertreterinnen des Vorarlberger »Literaturbetriebs«: sie betätigt sich u. a. als Editorin, Organisatorin, Jurorin und Lektorin. Aber nicht zuletzt fand Längle Beachtung durch ihr Schreiben, vor allem durch ihre »lakonischen, witzigen, oft satirisch gefärbten Erzählungen« (Scheichl). 1999 veröffentlichte Längle eine kleine, stille, fast private Arbeit: den an den eingekerkerten Revolutionär Ch. F. D. Schubart gemahnenden Gedichtband »Mit der Gabel in die Wand geritzt«. Hier läßt sie ein »Subjekt« sinnierend die Bregenzer Uferpromenade entlangwandeln – eine Wegstrecke, die sich in den letzten Jahren, etwa mit dem architektonisch beeindruckenden Kunsthaus von Peter Zumthor, immer mehr zur Kunst- und Kulturmeile wandelte.*

Dieses Blau, das man unverschämt nennt.
Unterbrochen von grünen Tannen und Linden.
Ein einsames Boot.
Wie am Schnürchen gezogen
die Autos am Rand,
unterwegs zu
neuen Ufern.
Zarah ist Tot.
Hitler ist tot.
Nietzsche ist tot.
Ich lebe.
Aber wie?
Ein selbstreflektierendes Subjekt,
das hat uns gerade noch gefehlt.
Tu dir lieber etwas Gutes
und atme tief durch.
Die Luft riecht
nach nichts.
Nicht einmal die Zeit
ist aus den Fugen.
Alle Uhren

gehen verläßlich,
mit geradezu
schweizerischer Präzision.
Ein Zug fährt vorbei.
Keine Entgleisung.
Die Sonne legt
einen warmen Pelz
um meinen Hals.
Ein Hausrotschwanz
schlüpft in sein Nest
unter dem Dach.
Trost durch Natur?
Warum nicht.
Wenn Gott ebenfalls
tot ist.
Ist er aber nicht.
Er schneidet sich
gerade die Zehennägel
und spuckt auf die Schöpfung.
Nietzsche zum Trotz.

## Oscar Sandner: Rom liegt mir näher als Bregenz

*Die Bregenzer Festspiele waren und sind alljährlich das bedeutendste kulturelle Ereignis Vorarlbergs. International brachten die künstlerischen Leistungen stets großes Renomee, im Land selbst stieß diese Konzentration auf ein einzelnes Ereignis nicht nur auf Gegenliebe. Hier war es vor allem Oscar Sandner, der ab den sechziger Jahren die Infrastruktur für Kunstausübung abseits der Festspiele unermüdlich ausbaute. Als Kulturreferent, Organisator und Herausgeber half er, den Nährboden für heutige Offenheit und Erfolge (etwa der »jungen Vorarlberger Literatur«) zu schaffen. Aber er hielt und hält sich immer wieder längere Zeit in Italien auf, um seinen kunsthistorischen Forschungen nachzugehen und um es in der – durchaus geliebten – »Provinz« wieder auszuhalten. In einem Kapitel des großen Romanprojekts »Das Leben ist hart in den Bergen« thematisiert er die unterschiedlichen Befindlichkeiten in der Vorarlberger Landeshauptstadt und der Ewigen Stadt.*

Während ich meine muskuläre Entspannungsübung machte, sagte Katharin mit freudeklingender Stimme, weißt du eigentlich, wie das kleinste Säugetier heißt? Sie blätterte in einem Buch, sie sagte, die Etruskerspitzmaus. Ich bat Katharin um nähere Angaben, sie las mir vor: Sunsus etruscus, Körpergewicht 2 Gramm, gehört zur Unterfamilie der Weißzahn- oder Wimperspitzmäuse, die am Schwanz einzelne wimpernartige Borsten tragen. Ich sagte, endlich weiß ich, wie der Roman weitergeht; nach der Entspannungsübung setzte ich mich an den Schreibtisch. Es hat geschneit, ich schaue hinaus in die Landschaft, die Pfänderbahn fährt, Schifahrer sind kleine dunkle Bewegtheiten in der strahlend weißen Schneise, dem sogenannten Schlauch, einem regional berühmten Abschnitt der Pfänderabfahrt. Die eine Kabine der Pfänderbahn gleitet bergwärts, dann kommt die andere talwärts, ich warte: wieder eine Kabine, die bergwärts fährt, bis sie aus dem Fensterausschnitt links verschwindet, ich warte, bis die talwärts fahrende Kabine in den Fensterausschnitt hineinfahren wird; jetzt ist sie drinnen, jetzt schaue ich wieder nach Mailand hinunter, die Entfernung beträgt nur 225 km. Ich webe wie eine Spinne ein Blicknetz, rechts im Ausschnitt der Terrassentür sind die Anfänge der Westalpen, ich habe einen phänomenalen Bergtick, ich verfange mich wie eine Fliege im selbstgewobenen Spinnennetz, genannt Landschaft.

... und dann wieder ein Sonnenuntergang, mein Autor hat einen der aussichtsreichsten Schreibplätze in Europa hier im Niemandsland zwischen Bregenz und Lochau, er sieht und fühlt mehr Ausland als Inland, die heißgeliebte Terrasse ist unser Transmissionsraum zur Natur, ich denke an die Brüder Montgolfier, ein heißroter Ballon in einer Aura von Taubengrau versinkt neben Lindau im Meer, das sich rosa verfärbt mit blauen und rosa Schatten in den Wellentälern; wenn man bedenkt, daß die Menschen vor zweihundert Jahren so schönfarbige Schatten noch nicht sehen konnten, die haben ja erst die Impressionisten erfunden. Katharin, ich kann diese verdammt schöne Gegend nicht verlassen, hier der Rosensee, Schiffe, Boote, Haubentaucher, die Pfahlbau-Badeanstalt, Hölderlinsche Schwäne, die Hafenmolen, Potemkinsche Kastanienbäume am Ufer, dahinter sich Bregenz nur notdürftig verbirgt: in Wahrheit ist Bregenz in der allerschönsten Gegend am Bodensee ja die häßlichste Stadt weit und breit dank der sprichwörtlichen Zerstörungssucht der Bregenzer (wie Cato gesagt hat *Brigantium esse delendam*), ich schaue zur Oberstadt hinüber ob der Martinsturm noch steht das Wahrzeichen das barocke Unikum bieder bescheiden protzig behäbig und grandios mit seiner geschindelten welschen Haube die ihm ein Baumeister welscher Zunge aufgesetzt hat als hätte er an den prallen Windschlauch des Aiolos gedacht oder eher an geblähte Segel auf dem Bodensee, schöner ist Bregenz auf den Aquarellen von Turner und Schiele, der fluchende Kolumban aus Irland hat nach Italien flüchtend gesagt, Bregenz sei wahrlich eine Schlangengrube. Der Bannfluch eines so großen Heiligen ficht die Bregenzer freilich nicht an, als exemplarische Kleinbürger entfliehen sie der provinziellen Begrenzung im Größenwahn, den sie wahrlich genießen getreu der stadtamtlich verkündeten Bregenz-Doktrin: *Bregenz unbegrenzt*. Freud war nie in Bregenz. Wie Münchhausen zieht sich jeder zieht sich jede am eigenen Zopf aus dem Bregenzer See wie er in alten Zeiten hieß dieser Operettensee dieses Opernmeer der Bregenzer Dramaturgie. Mozart war nie in Bregenz. Im Festspielhaus steht's in Stein gemeißelt, daß die Vorarlberger singen können. Singen? Soll ich das hanebüchene Bauwerk

Blick vom Pfänder auf Bregenz

mit dem Pinsel auslöschen, übermalen oder in ein riesiges Renaissancekastell mit ghibellinischen Zinnen verwandeln? Mit dem Zielfernrohr könnte ich einem meiner Landespolitiker im Landhaus aufs Maul schaun wie ein Voyeur, das Landhaus ist ein monumentales Glashaus, wirft er mit Worten (?) und ohne ästhetisches Präteritum (?) und sicher betont er Vorarlberg falsch auf der zweiten Silbe laut Landesgesetz wo doch Vorarlberg metrisch ein Daktylus ist! Gottogott diese Party-Kunstschwätzer landauf landab diese Kulturhochstapler diese anthropologische wetterbedingte Hinterfotzigkeit derer sich Zugewanderte noch besser bedienen denn der typische Vorarlberger ist eine fixe Idee und der typische Bregenzer wenn es ihn gibt fährt mit der Pfänderbahn und weiß alles besser. Skurrile Abendgedanken vor der Staffelei: soll ich Goyas Koloß oder soll ich Polyphem mit kühnen Pinselstrichen in die Gegend setzen? Bregenz, du fragst nach meinem berühmten Namen. Niemand ist mein Name. Ich rette mich bergwärts zur bewaldeten Molasse, die ab und zu durchscheint durchs Brucknergrün: Ausgrabungen von Ocker antik, Kulisse um Kulisse Ostalpenbeginn und dann beginnen die Westalpen. König Säntis, ein Gemsenjäger ist durchs Zielfernrohr zu sehn, und die Fischgräten von Föhnwolken darüber im Azurglast, ein Metro-Goldwyn-Mayer-Breitwand-Hypnose-Film. Wenn es mir gut geht, sage ich che bella serata; Katharin liest Hegel, sie stupft mich, du willst die Gegend nicht verlassen, obwohl dir die Leute hier so auf die Nerven gehn, schlag nach bei Hegel: »Es ist nicht die Gegend, der man andere, für seine Bestimmung wesentliche Umstände aufopfern kann«; Vorarlberg, diese pseudoalemannischen Brutusse mit dem Dolch im Gewande ohne Schauspielkunst diese Österreicher en caricature diese Oberlehrer, ach, seufze ich, wenn sie nur nicht so selbstgefällig wären, nur Dilettanten können es hierzulande zu etwas bringen, hier ist jede Verallgemeinerung erlaubt, weil die Ausnahmen nur die Regel bestätigen, das ist ein Gewächshaus für Haßliebe und Selbstmitleid, ich klebe nicht fest hier, Katharin, das ist Phäakenland ohne Phäaken, das ist eine Feriengegend weit weit weg von Österreich und meinen böhmischen Dörfern, ich bin nur Gast, schlimmstenfalls ein Verbannter. Bestenfalls, sagt Katharin Kassandra. Mailand (vier Autostunden) ist zum Begreifen nahe in diesem Föhn. Florenz (Jennifer!) ist näher als Wien. Rom liegt mir näher als Bregenz.

## Kurt Bracharz: Die grüne Stunde

*Die jüngere Vorarlberger Literatur ist reich an Kriminalromanen. Überspitzt ließe sich sogar von einer »Vorarlberger school of crime« sprechen, gelang es doch vielen Texten, das Genre aufzufrischen und literarisch avanciert zu modifizieren. Kurt Bracharz dürfte einer der profiliertesten Krimischreiber Vorarlbergs sein. Der Roman »Die grüne Stunde«, den er in seiner Heimatstadt spielen läßt, ist teilweise deftig, immer spannend und voller Ironie und Humor. Die grausamen Verbrechen, die in der Peripherie der Landeshauptstadt (»dem verschlafenen Kleinstädtchen Bregenz«) passieren, gehen auf das Konto eines Fremdenlegionärs, der in die Stadt kommt, um sich zu rächen. Im folgenden Ausschnitt nähert er sich von seiner Unterkunft am Stadtrand möglichst unauffällig dem vermuteten Aufenthaltsort seines Opfers, der Seebühne.*

Hotelzimmer in Bregenz

Schmidt ließ den faltbaren Stadtplan, den er bei seiner Ankunft am Bahnhof mitgenommen hatte, im Hotel zurück. Er hatte sich die Geographie von Bregenz bereits in groben, aber ausreichenden Zügen eingeprägt. Die Stadt war zwischen einem sechshundert Meter ansteigenden Berg namens Pfänder, auf den eine Kabinenseilbahn führte, und der Bodenseebucht eingeklemmt. Sie war so klein, daß sie sich den Faltplan mit dem 10 km entfernten und wesentlich größeren Dornbirn teilen mußte. Für einen Fremden waren diese beengten Verhältnisse zur Orientierung ganz angenehm. Es gab nur zwei Durchzugsstraßen, die Y-förmig zusammenliefen. Auf die untere führte der durch einen Tunnel verlaufende Autobahnanschluß. Die Altstadt lag abseits. Die Innenstadt bestand aus drei Parallelstraßen, die Peripherie mit Siedlungsbauten und Hochhäusern erstreckte sich bis zum See. Das alles war leicht durchschaubar. Die Seebühne konnte Schmidt auf mehreren Wegen erreichen, aber er zog den vor, auf dem er vermutlich nur wenigen Menschen begegnen würde. Er nahm an, daß es das einfachste war, der Bregenzer Ach bis zur Mündung zu folgen und dann das Seeufer entlangzugehen. In einer solchen Gegend waren bei dem heutigen Wetter höchstens Hundebesitzer unterwegs.

Vom Gasthaus bis zum Achdamm gab es hauptsächlich Einfamilienhäuser mit großen Gärten, in denen Enten oder andere Kleintiere gehalten wurden. Der Nebel war dichter geworden. In seinem Schutz ging Schmidt zum Fluß. Er überquerte mehrere nahezu unbefahrene Straßen und eine Wiese mit verkrüppelten Obstbäumen, von deren fauligen Blättern Kondenswasser tropfte.

Schmidt nahm den Weg auf der Dammkrone, aber als er dort binnen weniger Minuten zwei Radfahrern und einer Frau mit einem Schäferhund begegnet war, versuchte er, unten am Flußufer entlangzugehen.

Das war mühsam, aber möglich. Streckenweise gab es Trampelpfade, anderswo Kiesstrand und Abschnitte mit großen Felsbrocken, über die man nicht so leicht wegkam. Man war aber fast überall durch dichtes Gestrüpp und Auwald gegen Blicke vom Dammweg her geschützt. In Schmidt stieg eine sehr ferne Erinnerung auf, wie er sich als Kind an ähnlichen Orten herumgetrieben hatte. Mit siebzehn war er in einer solchen Aulandschaft zum erstenmal *richtig* straffällig geworden. Er dachte mit Vergnügen daran.

Bei der Harder Brücke mußte er auf den Weg zurück, der nun direkt am Wasser verlief. Es waren kaum Spaziergänger unterwegs, und diese wenigen gingen fast alle oben auf einer schmalen Straße. Die Straße führte an einer langgezogenen Siedlung aus verschiedenfarbig bemalten Blöcken entlang. Hier unten troff alles vor Nässe und der Boden war aufgeweicht und klumpte an Schmidts Militärstiefeln. Aus Baumstümpfen quollen Hallimaschbüschel.

Als er die Flußmündung erreicht hatte und rechts zum Seeufer einschwenkte, sah Schmidt, daß er auch hier die Wahl zwischen

Bregenz, Seebühne

der Strandlinie und einem asphaltierten Weg hatte. Er wählte den Strand und ging die nächsten zwanzig Minuten durch raschelnde gelbe Schilfwände, über glatte Kiesstrände voll angespültem Müll und sandig-lehmige Stellen. Bläßhühner flogen wassertretend auf, wenn er ihnen zu nahe kam. Ein paar Schwäne drehten ihre gelblichen Hälse und wandten ihm den Kopf zu, Möwen kreischten in der Luft. Einmal mußte er auf den Weg zurück, weil eine Brücke über einen Wasserarm führte, und zuletzt, beim zweiten Segelhafen, an dem er vorbeikam, gab es überhaupt nur noch den offiziellen Weg am Ufer.

Hier standen nun auch Häuser. Bis zu dieser Stelle war das Bodenseeufer unbebaut gewesen. Jetzt kamen die Yacht- und Tennisclubs, im Winter geschlossene Gasthäuser und verwitterte Schuppen, in denen wohl Boote untergebracht waren. Hier waren kaum Menschen zu sehen.

Links trennte ein Drahtzaun eine Rasenfläche ab. Wenn das ein Teil des Strandbads war, dann sollte das Gebäude des Hallenbads vor ihm liegen. Rechts neben der Pappelallee gab es ein Stadion. Schmidt kam dem Versteck seines Opfers allmählich näher, und er bewegte sich vorsichtiger als zuvor. Er mußte nun sehen, bevor er gesehen wurde, und, wenn nötig, blitzschnell reagieren. Beim Hallenbad entschied er sich für den unteren Durchgang und nicht für die erhöhte Promenade, von der aus er das Strandbad hätte übersehen können. Die Promenade bot ihm keine Ausweichmöglichkeit, falls er jemandem begegnete. Dann erkannte er das Festspielhaus vor sich, es sah im Nebel wie ein überdimensionierter Affenfelsen aus. Hinter dem monströsen Ding lag die Zuschauertribüne, und noch weiter hinten, ins Wasser hinausgebaut, die Seebühne.

## Roland Jörg:
## bregrenzt

*Wie Oscar Sandner war und ist Roland Jörg ein Kämpfer für Offenheit und Modernität des Kulturbetriebs, wie jener versucht Jörg immer wieder, diese Grenzen zu sprengen. Das tut er mittlerweile auch in seinen offiziellen Funktionen, in früheren Tagen gab er u. a. eine freche, unkonventionelle, auf künstlerisch-avancierte Zeitgemäßheit bedachte Literaturzeitschrift heraus (»die graugans«). In einem eigenen Text aus dieser Zeit lotet er spielerisch-locker die künstlerischen Möglichkeiten im Umgang mit der Empfindung heimatlicher Enge aus.*

das momentane erwachen
aus dem schlaf der tra
um um die um liegenden
wälder läßt nach ::::::

heimat

dann sah ich auf zwisc
hen zwei weißen wänden
begrenzt zwisc
hen zwei schwarzen wän

den:
bregenz.

Bregenz, Blick vom Martinsturm

# Wolfgang Mörth: Rebland – Webland

*Wer an Bregenz denkt, denkt höchstwahrscheinlich nicht an Wein; wer an Vorarlberg denkt, denkt schnell an Textilindustrie. Zwischen diesen beiden Gedanken siedelt Wolfgang Mörth die Auseinandersetzung mit seiner Heimat an. Der Weinbau und Weinhandel ist in Bregenz seit dem Mittelalter belegt und bildete eine wichtige Erwerbsquelle für die Stadt. Das Aufkommen der Baumwoll- und Stickereiindustrie mit besseren Verdienstmöglichkeiten und die einfachere Importmöglichkeit des Südtiroler Weins mittels der Eisenbahn führten den Niedergang des »Seeweins« im 19. Jahrhundert herbei. Übriggeblieben sind einige »Heurigen« in Bregenz – Lokale, die, seit der Monarchie mit speziellen Privilegien versehen, jungen Wein ausschenken.*

Ein Weißsauer noch!

Verdünnter Wein in einem verdünnten Land. Ich trinke nichts anderes, weil ich mir nichts vormachen will. Ich lasse mich offenen Herzens bescheißen. Schau doch, wie der einschenkt. Zwei drittel Mineralwasser und ein Drittel Wein. Zwei Drittel Formeleinsfahrer-Tennisspieler-Fotomodell-Kultwasser, ein Drittel unbekannter Wein. Das Leben aufgespritzt zu einer Illusion, von der man nicht einmal besoffen wird, so teuer ist sie bezahlt. Wichtig ist in diesem Land das Mineralwasser. Das allerbeste Mineralwasser und irgendein Wein. Die allerbeste Gesundheit und ein paar Vokabeln aus dem Weinführer. Wir sind hier in keinem Rebland, wir sind in einem Webland, hat einer geschrieben. Sehr geistreich. Wir importieren den Geist und exportieren die Haut. Spezialisten für die Außenansicht der Welt. Schau dich um: Tolle Figuren, edle Gesichter, da wird keines auf der Nase landen heute Nacht. Ein Drittel Italiener verdünnt mit zwei Drittel Alemanne, das bleibt schön und fällt nicht um, bis zum Schluß. Prost.

Eigentlich stamme ich aus einem Weinland. Wenn ich auch hier geboren bin, so fühle ich mich dennoch von ganz woanders herkommend. Ich fühle mich an einer Weinstraße zu Hause, bin oft in Gedanken unterwegs in einer puren Weinfantasie. Purer Wein überall, in einem unverdünnten Land. Oft schlafe ich als Steirer ein und wache als Vorarlberger auf. Mein Vater ist nie wirklich aufgewacht in diesem Land. Und ich bin nicht wirklich sentimental. Ich stehe hier an dieser Bar, in einem weinlosen Land, in einem verdünnten Zustand. Ich mache mir nichts vor, ich war zehn Jahre lang Ministrant. Jeder Wein ein Meßwein. Welchen Doppler, frage ich dich, kann man sich denn hier schon in die Manteltasche stecken, in welchen Rinnstein kann man sich hier in Ruhe legen? Jedes Sendlerherz verwässert zu einer Sozialarbeiterfigur. Hier kann man doch beim besten Willen nicht untergehen. Nicht einmal bis zum Umfallen kann ich stehen an der Bar, aufrecht gehalten von der Kohlensäure, redselig vom importierten Drittelrausch, und verdammt gutaussehend.

Ein Weißsauer noch!

# Ignaz Franz Castelli: Memoiren meines Lebens

Gebhardsberg

*Neben dem Pfänder bietet der benachbarte Gebhardsberg, ein »natürliches Wahrzeichen« von Bregenz, eine vergleichbar imposante und umfassende Aussicht. Vor der Ära technischer Aufstiegshilfen war der leichter ersteigbare Gebhardsberg der beliebteste Aussichtspunkt weit und breit. An seiner touristischen Erschließung hatte ein Schriftsteller maßgeblichen Anteil: Wie der Theaterdichter Ignaz Franz Castelli in seinen 1861 erschienenen Lebenserinnerungen berichtet, verfaßte er während eines Besuchers 1822 ein spontanes Lobgedicht auf den Gebhardsberg. Der Text fand offensichtlich rasche Verbreitung, bei seinem zweiten Besuch, ein Vierteljahrhundert später und in einer Sänfte getragen, wurde ihm sein Gedicht bereits zum Kauf angeboten. Inzwischen war 1841 eine Aussichtsterasse an das Mesnerhaus anfügt worden – die »erste fremdenverkehrsfördernde Tat der Stadt Bregenz« (Gmeiner).*

Am 14. August 1857 kam ich von Lindau her zum zweiten Male in Bregenz, dem lieblichen Städtchen am Bodensee, an.

Ich besuchte hier vor allem den Gebhardsberg, jenen Berg, der von allen Bergen, welche den Bodensee umkränzen, die weiteste herrliche Aussicht gewährt, weil er, obschon nicht sehr hoch, am meisten vorspringt. Auch im Jahre 1822 stand ich auf dem Gipfel desselben auf den Ruinen des alten Schlosses Montfort und schrieb, von dem himmlischen Anblick entzückt, ein Gedicht aus dem Stegreif an die Wand, welches seitdem gedruckt in mehreren tausend Exemplaren hier an Fremde verkauft worden ist und den allgemeinsten Beifall erhalten hat.

Ich besaß dieses Gedicht nicht mehr, allein schon auf dem Wege nach dem Berge wurde dem alten Dichter, welcher sich hinauftragen lassen mußte, sein Gedicht für 6 kr. Zum Verkauf angeboten.

Ich teile es Dir hier mit, lieber Leser, weil es Dir vielleicht einige von den Gefühlen erklären wird, welche mich überströmten.

Du sterblich Auge! Kannst du so wohl fassen,
Von dir gehäuft, der Schöpfung größte Pracht?
Allmächtiger! Erlaube mir zu prassen
Im höchsten Glanze deiner höchsten Macht;
Jetzt erst hat mich der Schoß der Nacht entlassen,
Jetzt erst bin zu dem Leben ich erwacht
Des Wassers Silber und der Sonne Gold,
Der Bäume Grün, der Äther, der gereinet
Von niedern Dünsten hier als Donner rollt,
Mit Riesenbergen hat er ihn umzäunet
Den Platz, der er vor allen andern hold,
O glücklich Volk, das hier in diesen Gauen
Die ganze Welt in einem Punkt kann schauen.
Was kannst du, Erde, mir noch künftig zeigen?
Hier ist dein Anfang und dein Ende auch,
Mag ich auf deine höchsten Gipfel steigen,
Einwühlen mich in deinen reichen Bauch,
Nichts Herrlichers, als dies, ist mehr dir eigen.

Eindringender wohl nirgend mehr dein Hauch,
Wer dies gesehn, kann unbekümmert sterben,
Für's Auge hat er nichts mehr zu erwerben.

Als ich auf dem Gipfel des Berges ankam, fand ich mehrere Personen, die mich da erwarteten und dafür dankten, daß ich der erste war, der ihren Berg besungen; ein junger Maler überreichte mir eine von ihm gezeichnete Skizze der Ruine des Schlosses Montfort, der zuvorkommende Buchhändler Trutsch übergab mir das ganze Panorama von der Aussicht auf dem Berge und eine gedruckte französische Übersetzung meines Gedichts.

## Joseph Brentano: Vorarlbergische Chronik

*Die Geschichte Vorarlbergs im 15. Jahrhundert war geprägt durch zunehmenden Einfluß der Habsburger und die Entwicklung der Landstände – eine nur aus Bauern und Bürgern bestehende Volksvertretung. Vorarlberg bildete damals noch lange keine Einheit, zu Beginn jenes Jahrhunderts war man sich an vielen Orten nur in der Ablehnung der Adelsherrschaft einig. Die Städte und Gemeinden im Süden des Landes schlossen sich daher dem antiaristokratischen, von Appenzell dominierten »Bund ob dem See« an. Die Appenzeller blieben in den folgenden kriegerischen Auseinandersetzungen lange siegreich, 1407 kam es allerdings zur Belagerung von Bregenz. Die Stadt hielt 16 Wochen lang stand und wurde im Jänner 1408 durch ein schwäbisches Entsatzheer befreit. Aus jenen Tagen hielt sich über die Jahrhunderte die Legende, die Verteidigung der Stadt sei nur durch die Vorwarnung einer aufmerksamen Frau möglich gewesen. Diese Episode fand auch Aufnahme in Joseph Brentanos »Vorarlbergische Chronik« (1793; ein Werk mit einigem Einfluß, das nicht zuletzt der Stärkung der im Entstehen begriffenen Vorarlberger Identität dienlich sein wollte). Heute erinnert der Ehreguta-Platz in der Bregenzer Oberstadt an diese »schwatzhafte« Frau.*

Im Jahr 1407 ward die von den Schweizern belagert, doch nicht erobert, sondern von dem benachbarten Adel glücklich entsetzt, die Schweizer mit großem Verlust zurückgetrieben. Man will sogar von der mündlichen Überlieferung her noch die Stelle wissen, wo ihrer mehrere hunderte hier begraben liegen. Von diesem

Oberstadt mit Martinsturm

Ueberfall schreibt sich die Gewohnheit her, daß über Winter, so lange das Rufen der Nachtwächter um acht Uhr anfängt, die Rufenden um neun Uhr die Worte: Ehrgut! Ehrguta aussprechen, wie nicht nur der Volkssage nach, sondern alten Urkunden zufolge, die Weibsperson, welche in ziemlicher Entfernung von hier die im Anmarsch begriffenen Schweizer sah und ihre Anschläge auskundschaftete, Namens Ehregut, den Bürgern die ganze Sache verrieth, und durch diese zu rechter Zeit gemachte sich um die Rettung der Stadt höchst verdient macht. Und war es denn nicht sehr billig, daß mit dem Namen der Retterin zugleich auch ihr Gedächtniß auf ferne Urenkel fortgepflanzt und gewisser Maßen verewigt wurde, und zwar in eben der Stunde der Nacht, in welcher die wohlthätig an Bregenz handelte, oder da der vorgefaßte feindselige Anschlag hatte ausgeführt werden sollen! Verdient sie es nicht die Rechtschafne, daß jeder, auch noch so spāthe Nachkömmling der durch ihre am rechten Orte angebrachte, ihrem Geschlecht sonst öfters als Fehler vorgeworfne, Schwatzhaftigkeit, – oder, wenn man lieber will, vaterländische Treue, vom Untergang geretteten Bürger, so lange Bregenz steht, so oft er ihren verdienstvollen Namen hört, das Andenken einer Weibes im Herzen segne, dessen Namen in den Jahrbüchern der Welt lange vor den berühmten Namen der Helden und Eroberer zu glänzen würdig wäre?

## Monika Helfer:<br>Mein Wald

*Das Zisterzienserkloster Mehrerau ist ein wichtiges Kultur- und Bildungszentrum in Bregenz. Die barocke Mehrerauer Kirche jedoch, »die schönste Kirche, die Bregenz je hatte« (Sandner), wurde während der Bayernherrschaft – ohne Gegenwehr der Bregenzer – 1808 abgetragen. Mit Oscar Sandner gesehen stellt »die Mehrerau« ein Sinnbild für ganz Bregenz dar: Viel kunsthistorisch Wertvolles wurde nicht vor der Zerstörung bewahrt. Monika Helfers Text über den sogenannten Mehrerauer Wald hin-*

*ter dem Kloster endet ebenfalls mit einer Zerstörung: Der Wald ihrer Kindheit wird eingezäunt, »als wärs eine Besserungsanstalt«. Dieses Eintauchen in eine topographisch genau ortbare Erinnerungswelt stellt eine Ausnahme im Werk der großen Schriftstellerin dar. Helfer schreibt zwar des öfteren aus der Kinder- oder Kindheitsperspektive, in »Mein Wald« thematisiert sie jedoch erstmals Privates.*

**Ich rieche Tannenharz und nasses Laub.**

Erst jetzt, Jahre sind vergangen, seitdem ich den Wald meiner Kindheit zum letzten Mal betreten habe, kann ich mir den Geruch von Tannenharz und nassem Laub imaginieren wie andere den Geschmack von weichen Keksen auf der Zunge. Ich sitze vor dem Computer und sehe in die schwarze Fensterscheibe. Meine Hände liegen wie lahmes Gefieder auf der Tastatur. Ich blättere also zurück. Da ist der Grundriß unserer Wohnung in der Felchenstraße. Ich bin zwölf Jahre alt. Liege bäuchlings auf dem Bett und zerkratze mit dem Zirkel meines Bruders ein Quadrat unseres Klebeparketts. Ziel ist, seinen Zirkel kaputtzumachen. Er zieht so gern Kreise. Es ist die Revanche für das gewaltsame Öffnen meiner kleinen, roten Eisenschatulle, in der ich alles Heilige aufbewahre. Das kleinste Übel ist, daß mein Fünfhundertschillingschein fehlt. Mein Onkel hat ihn mir in betrunkenem Zustand geschenkt. Ich hatte ihm gegen den Willen meiner Tante zwei Bier besorgt.

**Niemals hat Silvia den Wald betreten.**

Ich war durch den Hintereingang ins Gasthaus gegangen. Die Nacht war schwer wie Samt gewesen. Die Bedienung gab mir das Gewünschte. Sie hieß Silvia und war gerade zehn Jahre älter als ich. Sie fragte mich, ob ich es für eine gute Idee halte, wenn sie einem Mann zum Zeichen großer Liebe eine rote Rose an seinen Scheibenwischer klemme. Ich riet ihr ab. Wenn, dann muß der

Mann die Blumen besorgen. Frauen warten und nehmen Geschenke entgegen, so gehörte sich das, und der Mann trinkt den ersten Schluck, die Frau wässert die Blumen ein und stellt sie neben die Bierflasche. Wie die duften, sagt sie, wenn sie duften, Nelken zum Beispiel. Der Mann sieht über den Blumenstrauß hinweg und zieht die Frau zum Küssen an sich.

»Er weiß nichts«, hatte Silvia gesagt, »er weiß nichts von meinen Gefühlen, er kann nicht ahnen, daß ich nachts wachliege und sein Foto zwischen Daumen und Zeigefinger halte.«

»Hat er dir das Foto geschenkt?« fragte ich.

»Nein«, sagte Siliva mit den roten Händen, die vom Abwasch verdorben waren und vom Wäscheaufhängen an Schneetagen. »Es ist ein Gruppenfoto der LKW-Fahrer, die in unserem Lokal Stammgäste sind. Ich habe es von der Wand abgehängt und seinen Kopf ausgeschnitten. Wenn ich ihn nicht haben kann, will ich nicht mehr.«

»Schreib ihm einen Zettel und leg ihn zu seiner Bestellung«, sagte ich.

»Neben sein Mittagessen? Meinst du, daß das schlau ist? Und was soll ich ihm schreiben?«

Zwei Köpfe größer war sie als ich. Vielleicht, dachte ich, liegt es an ihrer Größe, daß sie keinen hat, sie überragt alle.

»Schreib«, sagte ich: »Ich liebe Sie.«

»Wir duzen uns«, sagte sie, »alle duzen sich hier.«

»Kenne ich ihn?« fragte ich.

»Wenn du einen siehst mit Oberarmen, wie sie Helden haben, das ist er. Er trainiert. Was soll ich ihm auf den Zettel schreiben?«

»Schreib: Ich liebe Dich. Darunter deinen Namen, gut leserlich.«

Sollte sie den Zettel von ihrem Servierblock abreißen?

## Liebeskrank

Den Eingang zum Wald versperrt ein Lastwagen der Firma Fohrenburg. Im Führerhaus sitzt der Mann mit den imposanten

Oberarmen. Er hebt Silvia auf seinen Schoß. Er rückt sie zurecht wie ein Ding, bis sie Gesicht an Gesicht sind. Silvia wagt es und berührt seinen Bizeps. Er sei erstaunlich! Ich gebe zu, ich bin zu klein, um in das Führerhaus zu schauen. Ich bilde mir alles nur ein. Der Mann hatte nicht Silvia auf seinem Schoß. Ich weiß nicht, wen. Silvia jedenfalls nicht. Sie ist groß. Ich hätte sie von der Straße aus sehen müssen. Er hatte eine andere bei sich. Eine Kleine.

Ich treffe Silvia am Sonntag. Sie war in der Kirche. Sie trägt schwarze Strümpfe und Ballerinaschuhe, die ihre Zehen einzwängen.

»Er hat den Zettel gar nicht angerührt«, sagt sie.

Wenn ich einmal in eine ähnliche Situation komme – ich werde:

1. dem Mann in die Augen blicken und zum Beispiel sagen: Trainieren Sie, ich meine wegen Ihrer Oberarme? Er würde sagen: Duze mich doch! Und ich: Trainierst du, ich meine wegen deiner Oberarme? Greif sie an, würde er sagen. Und ich mit meinen weißen Fingern würde es tun. Ich nehme an, daß meine Finger weiß bleiben, wenn ich mich – Gott bewahre – bis dahin nicht mit heißem Wasser verbrühe und an Schneetagen keine Wäsche aufhänge. Ich würde also seinen Bizeps angreifen, der feucht ist, weil er, wie ich annehme, immer in Bewegung ist. Ich habe meine Finger mit den sauberen Fingernägeln, die milchigweiß sind, auf seiner hellen Haut.

Noch ist Frühling, und die Sonne hat ihn nicht verbrannt. Er wird erschaudern. Weil nämlich kalt auf heiß eine Erschütterung verursacht. Er wird meinen Augen begegnen, die braun sind, wie bei einem Kalb, und ich begegne den seinen, den blaßblauen. Und wenn wir Kinder haben, welche Farbe wird sich durchsetzen?

»Du weinst ja, Silvia.«

»Ja«, sagt sie, »weil meine Scheißschuhe so eng sind. Zieh dir bloß nie solche Schuhe an.«

## Der Maturant

Mein Bruder erzählte mir vor dem Schlafengehen von einem Burschen, den er in der Mehrerau kennengelernt hatte. Er schwärmte von ihm, als ob er verliebt wäre.

»Blonde Locken, breite Schultern, braune Haut, wie die Engel über dem Altar.«

Der Schöne besuchte die letzte Gymnasiumsklasse. Er war gut dran mit der Schule und wollte sich eine Freude gönnen. Ein Mädchen hätte er gern gehabt. Zeit zum Kennenlernen gab es nicht. Mein Bruder, einige Jahre jünger als der Schöne, hatte sich bereiterklärt, ihm eines zu besorgen.

»Und«, fragte ich, »besorgst du ihm eines?«

»Ein Foto von dir mußt du doch irgendwo haben«, sagte er.

Er hatte an mich gedacht. Ich war geschmeichelt, obwohl ich mich für ungeeignet hielt, viel zu jung, ich sah aus wie ein Kind, aber ich hatte Sehnsucht, wie Frauen Sehnsucht haben.

Das einzige Foto, auf dem ich mir hübsch vorkam, hielt mein Bruder für einen Witz. Ich trage darauf einen dunkelblauen Faltenrock, eine hellblaue Strickjacke mit weißen Streifen, und meine Haare sind zu einem Pferdeschwanz gebunden. Ich lächle, wie ich fand, geheimnisvoll.

»Es muß«, sagte er, »unbedingt ein Foto mit losen Haaren sein. Wir müssen einen Photoapparat auftreiben, und die Weiber sollen dich herrichten, mindestens fünf Jahre älter sollst du aussehen.«

»Aber wenn ich ihm dann begegne und er mich sieht und sich betrogen fühlt?«

»Dann hat er schon bezahlt«, sagte mein Bruder.

## Wieder der Maturant

Da ist der Waldrand. Ich gehe langsam, und es ist, wie ich mir das Schwimmen vorstelle, voller Gefahr. Die Sonne scheint hell und klar, ohne zu wärmen. Mein Bruder hatte gesagt, er würde ein

Treffen im Wald vorschlagen, bei den drei großen Tannen. Mein Auserwählter ist der Maturant mit den blonden Locken. Ich reibe meine Handflächen im Moos und rieche daran. Aus Farnkraut stecke ich einen Kreis und sage meinen Wunsch. Meine Haare

Blick vom Pfänder auf Bodensee und Kloster Mehrerau

reichen mir bis zum Bund des Faltenrocks. Ich bin barfuß. Mit Spucke zupfe ich meine Augenbrauen, schlecke am Mund. Dann schaue ich in den kleinen runden Spiegel, den mir Sonja geschenkt hatte.

»Wer kann die da lieben«, frage ich laut in den Spiegel, und die im Spiegel fragt lautlos zurück. Alles war unmöglich! Ich rannte, wie ein Fohlen rennt, den Kopf nach unten, ein paarmal warf ich den Kopf in die Höhe und wieherte durch meinen Wald, der mir nie gehören würde. Pilar will schwimmen.

Mein Wald ist durch eine Straße zerteilt. Ich kenne nur Kinder, die die rechte Hälfte betreten. Manchmal Erwachsene, einzelne Männer, einzelne Frauen, selten Liebespaare. Soweit mir bekannt ist, wurde in meinem Wald nie jemand getötet. Die linke Hälfte kommt für keinen in Betracht. Der kürzeste Weg zum Baden in der Mehrerau führt durch die rechte Waldhälfte. Meine Schwester wäre mit elf Jahren beinahe ertrunken. Man hatte sie aus dem See gezogen und Wiederbelebungsversuche gemacht. Wenn sie wieder lebendig wird, hatte ich mir gedacht, wird sie sich zuerst vor dem Mann grausen, der in sie hineingeatmet hat. Sie wachte auf und redete eine Woche kein Wort. Wir fürchten uns seitdem beide vor dem See.

Wir sahen Pilar zu, wie sie den Reifrock abstreifte und in einem grünschillernden Badeanzug vor uns stand. Sie sah erwachsen aus. Wie sie ins Wasser stolzierte! Zwei Burschen standen im Schilf und applaudierten. Sie schwamm weit, bis dorthin, wo es verboten ist, hinaus bis zu den vorbeifahrenden Schiffen. Ich legte meinen Kopf in den Schoß meiner Schwester, und sie streichelte mein Gesicht. Da kamen zwei Burschen heraus aus dem Schilf und stellten sich ans Ufer. Einer hatte blonde Locken. Pilar tauchte auf. Der Engel ging ihr entgegen.

## Es sind die Augen, die schmerzen

Eine Augenoperation war vorgenommen worden. Der Augenarzt stand kurz vor der Pensionierung, und ich war seine letzte Patientin. Er roch wie ein alter Mann, und seine Hände zitterten. Ich wurde aus dem Krankenhaus entlassen und betrat zum erstenmal die linke Waldhälfte. Kurz darauf bekam ich so heftige Schmerzen, daß ich mich auf den Boden fallen ließ. Ein Traktor mit Holzstämmen fuhr an mir vorbei. Man bemerkte mich nicht.

## Als wärs eine Besserungsanstalt

So hatten sie viele Jahre später den Wald eingezäunt und die Menschen ferngehalten.

# II. Rheintal

Feldkirch, Churer Tor

## Robert Blauhut:
## Das Rheintal

*Dem Durchreisenden präsentiert sich das vorarlbergische Rheintal stellenweise als Ansammlung von Peripherien, die alemannische Tugend des »Hüsle-Boua« (Hausbauens) führt – wenn auch mit immer mehr exzellenter moderner Architektur – zur Zersiedelung dieses begrenzten Lebensraumes, Industrie und Gewerbe tun ihr Übriges. Der Schriftsteller Robert Blauhut teilt in seinen 1977 erschienenen »Sprachminiaturen über Vorarlberg« diese oberflächliche Sicht der Dinge nicht. Im Abschnitt »Das Rheintal« nähert er sich der Gegend essayistisch und nimmt vor allem Bezug auf die Geschichte. Blauhut eröffnet seinen Text gleich mit der Conclusio: Man müsse lange genug hinsehen, um zu erkennen, was das Rheintal ist.*

Lange genug habe ich darauf hingesehen, darum weiß ich, was das ist, das Rheintal. Ich habe hingesehen, man kann es nur sehen, man kann es nicht hören, das gehört zu diesem Tal. Das Donautal ist anders, das kann man hören, alles ist dort Musik, hier aber ist alles Farbe, Licht, Schatten, Linie – uralte Römerstraßenlinie, die nach Rom führt, zum Nabel der Welt. Das ist ein Gedanke, hier muß man denken, wenn man die Hänge mit den Augen verfolgt, die östlich und westlich zum Rhein abstürzen, wenn man die riesige Schuttebene sich auffüllen läßt, in den Jahrmillionen, die dieser Riß, dieser Graben besteht, daß schließlich diese glänzende Ebene entsteht, die in den Bodensee übergeht. Dabei wird sie sumpfig, dort in der Gegend von Hard, dieser wasserreichen Gemeinde, durch die alle Bäche und Flüsse fließen, die aus den Hängen und Schluchten der Gebirge kommen.

Alles das muß bedacht sein, wenn vom Rheintal geredet werden soll und seinen Wassern, die aus der Schweiz kommen wie aus einem Tor, dort hinter dem steilen Abfall des Hohen Kasten und dem Gebirgsstock der Drei Schwestern. Im Frühling ist die Ebene übersät mit blühenden Obstbäumen, im Winter sind diese schwarz und trostlos, im Sommer sind sie grün, der Herbst macht die Bäume schwer von Früchten, und die Hänge werden farbig, rot und gelb und braun und wieder gelb, schreiend gelb die Eschen und honiggelb die Lärchen zwischen den schwarzgrünen Nadelbäumen. Im Winter wird alles tausendfältig blau, das man für weiß hält. Das sind immer nur Linien und Farben, nie ist das Musik, die einem Tonfolgen ins Gehirn ruft, hier wird immer alles zu formulierten Gedanken.

Nur durch das Ried sollte man in den Sommernächten nicht gehen, im Ried ist etwas anderes Gestalt geworden, der Gegenspieler dieser Farben und Linien, keine Musik, nein, auch hier keine, sondern das, was nicht mehr Linie und Farbe ist, die Ungestalt, die Urgestalt, der Riedmann oder die Riedfrau. Man kann sie sich vorstellen als Krüppel oder als Zwerge, als Seejungfrau oder als Nixe, aber sie alle können nicht singen, wie man es sich bei einem Donauweibchen vorstellen könnte. Sie müßten Augen haben, große, schöne Augen, und ihr Glanz müßte hart sein wie Metall, irisierend und ohne Mitleid und Güte. Ich kenne solche Augen. Zwischen denen adelige Nasen sitzen, das paßt zusammen, paßt in die Landschaft – diese alemannischen Gesichter voller Wirklichkeit, genau die Welt betrachtend und hart die Folgen daraus ziehend.

Diese Landschaft ist eine Augenweide allein, gemacht aus allen Linien und Farben, die unser Globus hervorgebracht hat. Deshalb haben die Gesetzgeber hier leben wollen. Die Römer haben sich hier angesiedelt, und sicherlich ist alles gut geraten, was sie rund um den Bodensee errichtet haben an Gedankengebäuden, Straßen, Gasthäusern und Wehrtürmen, diese Soldaten des Rechts und der Macht. Wahrlich, hier leben heute noch Römer, auch wenn sie längst aus einem anderen Mark gezeugt wurden.

Dieses Rätien lag tausend Meilen fort von Rom. Das Forum Romanum mit seinem Omphalos, dem Nabel der Welt, zu dem alle Straßen hinführen, auch diese Rheinstraße, habe ich umschritten und mich begreifen lassen von seiner Allmacht. So sehr, daß sie mich über den Tarpeischen Felsen zu Tode gestürzt haben, meinen geschundenen Körper in den Mamertinischen Kerkern verfaulen ließen, und über mich hat Cicero gerufen: Er ist gewesen.

Aufgewacht, aufwachen und weitertasten, mit dem Wind in die Ebene wehen. Da ist noch etwas, das darf nicht übersehen werden. Ich meine die großen Abbrüche des Pfänderstocks, ich meine die Felderlandschaft, die Wälderlandschaft dahinter, den Vorderen Wald, meine ich, den man wie angeschnitten noch aus der Bucht des Bodensees sieht. Da bricht etwas fahl ab, da ist etwas im Fallen, das vermodert, das ist Molasse, das ist wie die Maserung von morschem Holz oder die Zickzacklinie einer riesigen Schlange, welche sich um die Muschelform des Schüttbodens ringelt, in den die Stadt Bregenz gebaut wurde. Das ist nicht mehr Linie, das war eine, das ist aber auch nicht Ungestaltiges wie das Ried, das wird einmal das sein. Das ist jenes Zwischenreich, jenes Niemandsland, aus dem alles kommen kann, alles sich wechselt. Proteus könnte hier geboren sein, hier könnten die Maskenbildner die Lehre machen, denn die Landschaft ist eine große Maske zwischen dem einen und dem anderen. Schuttboden, Schutthalden – aber nicht jene gewaltigen, wie sie das

Montafon und der Walgau in seinen Seitentälern kennen – nein, hier ist echter Moderstein, Molassestein, nichts Kleingeriebenes aus Stein, der einmal groß war, da gab es nie Stein, der groß war, da war von Anfang an Konglomerat und Breccie das erste und letzte, und das kommt nun auf die Landschaft herunter. Der Schüler Wettis, Walahfried Strabo in St. Gallen, schreibt in seiner »Vita Sancti Galli«: »Es gibt einen Ort, der die Spuren alter Gebäude unter Trümmern bewahrt, wo das Erdreich fett und zur Hervorbringung von Früchten geeignet ist. Hohe Berge stehen ringsum, die Ebene ist fruchtbar, wer hier Arbeit sucht, dem wird die Nahrung nicht versagt. Invenimus quidem, fratres, hic in partibus auream concam, sed venenatis serpentibus plenam.«

Die ersten Mönche, die hier wohnten, haben diese Muschel von Schlangen bevölkert gesehen. Welche Anspielung! Ich lache darüber, nicht, weil ich eine Schlangengrube lieben muß. Ich halte die Schlangen für Aale.

## Lina Hofstädter: Lustenauer Idyllen

*887 wurde in Urkunden ein karolingischer Königshof »Lustenouua« erwähnt, über die Jahrhunderte war Lustenau dann freier »Reichshof« mit eigener Gerichtsbarkeit, erst 1814 kam es zu Österreich. Durch diese eigenständige Entwicklung hat sich die von den Einwohnern gerne betonte Lustenauer Eigenart herausgeprägt, die heute aber nur mehr schwer faßbar ist – am ehesten noch in der Mundart. Die Schriftstellerin Lina Hofstädter, in Lustenau geboren, aber seit über zwanzig Jahren in Tirol lebend, nähert sich Lustenau als Ort ihrer Kindheit, als Ort voller (Schein)Idyllen und fester sozialer Rituale – eine Kindheit in und zwischen den Neubauten der »Wirtschaftswunderzeit« (seit 1945 verdreifachte sich die Ausdehnung des Lustenauer Siedlungsgebietes).*

**Die Natur-Idylle:**

Die Kindheit eine einzige große Apfelschlacht, ein Fest dionysischer Vorfreude, das erst endet, wenn alle Kinder weinend nach Hause gerannt sind. Die kleinen, harten, von den Bäumen gefallenen grünen Äpfelchen im sportlichen Zweikampf so lange aufeinandergeschossen, bis kein Apfel und kein Kind mehr übrigblieb.

**Die Sonntags-Idylle:**

Am Sonntagnachmittag der Sonntagnachmittagspaziergang der ganzen Familie. Zusammengeballtes Familienglück. Eine öffentliche Demonstration der Geschlossenheit. Als Beispiel für alle weniger Glücklichen, die keine Familie haben. Die Kinder gehen voran, ohne miteinander zu streiten. Ein großes Glück für die Kinder, wenn auf dem Spaziergang andere spazierengehende Familien getroffen werden. Dann erst wird das Familienglück durch die Relativierung fröhlich getrübt.

**Die Höflichkeitsidylle:**

Mit dem Trittroller rechts und links grüßend die Holzstraße hinunter. Links und rechts FREUNDLICH UND HÖFLICH grüßend. Ein Reflex, dem man nicht entkommt, wenn man den Leuten GERADE UND OFFEN ins Gesicht schaut und GUT ERZOGEN ist. Links und rechts allen Leuten ein freundliches »Grüezi« entgegenschleudern, weil man so hilflos ihrem GERADEN UND OFFENEN Blick ausgeliefert ist. Ein so gut erzogenes Kind! Es zeigt Respekt vor den Erwachsenen, die ganze Holzstraße entlang. Ich ertappe mich dabei, wie ich sogar gefährlich schnell entgegenkommende Autofahrer mit einem Kopfnicken grüße.

**Die Nachbarschaftsidylle:**

Täglich mindestens einmal unversöhnlich und laut lärmend mit dem Nachbarskind streiten. Täglich einmal eine Versöhnung. Dabei ein Gefühl der Überlegenheit, weil ich die besseren Schulnoten habe. – Der Klügere gibt nach. – Weil der Vater ein schönes Auto besitzt. Manche der Nachbarn haben gar kein Auto. Man braucht deswegen nicht gleich eingebildet zu sein und zu glauben, man sei etwas Besseres. Aber man weiß, was man hat.

**Die Arbeitsidylle:**
Die Arbeit ist das Wichtigste im Leben, auch wenn man sie noch nicht begreift. Beide Kinder müssen im Haushalt helfen. Der Bub und das Mädchen werden gleich behandelt und müssen die gleichen Arbeiten verrichten. Das Mädchen muß Rasen mähen und einen Hammer halten können. Der Bub muß den Vorplatz kehren und das Stiegengeländer abstauben. Selbstverständlich ist das Mädchen gleich geschickt wie der Bub.

**Arbeitsidylle II:**
Die erste große Selbstbestätigung: auch die Messer abtrocknen zu dürfen. Dann für den Rest des Lebens auch die Messer abtrocknen müssen. Im Garten beim Jäten eine halbe Stunde geholfen. Zur Strafe eine halbe Stunde jäten müssen. In der Schule fast immer nur gute Noten heimgebracht. Schließlich studiert und ein ordentlicher Mensch geworden.

Die größte Überraschung des Erwachsenen: im Garten wieder Unkraut jäten dürfen. Die tägliche Arbeit selbstverständlich keine Strafe. Einzig die Messer im Geschirrspüler für immer dem Zugriff entzogen.

**Stickerei-Idylle:**
Einmal im Jahr heimlich die große Hauptstraße überquert und zu Käthi gegangen. Das ohrenbetäubende Rattern der Stickereimaschinen wie ein großes Erwachsenenabenteuer. Wir stehen Käthi in den Füßen herum und starren auf die Muster, die sich in der glatten Stoffbahn bilden. Jede Bewegung der Nadel völlig unerwartet. Käthi gibt uns jedes Jahr eine Schachtel voll hellblauer und rosa Kartonröllchen und schickt uns dann heim, wo wir tagelang meterlange Springseile basteln. Es hat keinen Sinn, öfter zu Käthi zu gehen, weil es lange dauert, bis sie so viele Spulen für alle Kinder beisammen hat. Wären wir öfter dort gewesen, hätten wir vielleicht die Wiederholungen im Muster erkannt.

**Nachkriegs-Idylle:**
Kein Bild des Vaters in Uniform je gesehen. Nur ein Hochzeitsfoto von einem schwarzgekleideten, mageren jungen Mann, der sehr ernst dreinschaut. Später Bilder von abgehärmten Ostjuden gesehen und an das Hochzeitsfoto denken müssen. Der Vater war im Krieg im Osten.

Weil wir keine Plastikpistole bekamen, beim Schreiner aus der großen Abfallkiste ein Stück Holz geholt, das einen brauchbaren Winkel bildete. Damit laut schreiend die Räuber verfolgt, bis sie östlich im Ried verschwanden. Dann das Spiel abgebrochen und heimgegangen.

Der Vater hat nie ein Wort über die Pistolen verloren.

**Neubau-Idylle:**
Von klein auf den Bau des Hauses mitverfolgt. Die Farben der Ziegel, blasse und rosarote, manche fast gelb, heute noch üppige Erinnerungsmuster. Die selige Unordnung rund um den Neu-

bau, die vielen Verstecke. Später, als das Haus längst stand, lange noch immer wieder von unendlichen Fluchtwegen in Neubaukellern geträumt.

**Kleider-Idylle:**
Jedes Jahr ein schönes neues Sonntagskleid.

Ich stehe steifbeinig auf einem Stuhl, und Mama und Oma weit unter mir zupfen an den Stoffteilen mit verkniffenen Mündern voller Stecknadeln. Ich darf mich nicht rühren. Sonst wird das Sonntagskleid nicht passen.

**Kirchgang-Idylle:**
Wenn man älter wird, darf man mit jedem Jahr eine Bank nach hinten rücken. Aber solange man klein ist, lauert die ganze Gemeinde im Rücken und sieht darauf, ob man brav ist. Über uns auf der Kanzel droht der Pfarrer, wenn man nicht ruhig ist, und am Rand der Bank steht der Lehrer und schaut streng.

Wir stehen still in unserer Bank und hoffen auf die Zeit, wo wir mit den großen Erwachsenen ganz weit hinten beim Ausgang stehen werden. Man darf sich aber während der Messe nicht umdrehen und nach hinten schauen. Zudem sind mehr Bänke hinter uns, als wir zu zählen gelernt haben.

**Düstere Vorahnung:**
Schon als Schulkind etwas Besonderes sein wollen. Doch keinerlei hervorstechende Merkmale.

Als eine aus der Klasse sich ein Bein bricht, ist ihr Gips lange Zeit eine Sensation. Endlich auch ich beim Turnen mit dem Fuß an einem Absatz hängengeblieben und hoffnungsvoll zum Gemeindearzt gehumpelt. Aber nur die kleine Zehe ist verstaucht.

Es schmerzte lange.

## Wolfgang Hermann:
## Mein Dornbirn

*Nicht die Landeshauptstadt Bregenz, Dornbirn ist mit gut 40.000 Einwohnern die bevölkerungsreichste Stadt Vorarlbergs. Die Messestadt Dornbirn bildet das wirtschaftliche Zentrum des Landes, ist aber keine genuine Stadt, sondern ein Konglomerat aus fünf zusammengewachsenen Dörfern. Zwar gibt es einen Stadtkern mit Fußgängerzone rund um den Marktplatz, aber Flair ist im öffentlichen Raum wenig zu finden. Wolfgang Hermann gelingt es, einen gangbaren Weg der Beschreibung abseits von plakativer Kritik zu finden, subjektiv, voller Erinnerungen, aber dennoch um das Charakteristische bemüht.*

Keine spitzen Türme, keine mächtigen Dome, keine gewaltigen Mauern. Nur das Plätschern einiger Brunnen, Tränken müden Viehs, Brunnen, in deren Schatten im Sommer ein paar Lausbuben in Lederhosen ausruhten: damals.

Diese fünf Dörfer in einem feuchtnassen Tal, am Fuß einer Berggruppe, die sich von hier weit nach Osten hin erstreckt, gleich einer Schar umgestülpter Stiefel, die Paare durcheinandergeraten. Der Name der Berggruppe: Ostalpen, nur von schmalen, engen Tälern durchbrochene Kette umgestülpter Stiefel.

Der Name der Stadt, die aus fünf Dörfern zusammenschmolz: Dornbirn.

Wuchtige, für die Größe des Marktplatzes viel zu mächtige klassizistische Fassade der Kirche St. Martin. Nebenan, in ihrem Schatten, der griechisch-klassizistische »Pfarrhof«.

Alte Photographien zeigen den fast menschenleeren Platz und die fast menschenleere Pfarrgasse, an der dieser fremdartige Bau des »Pfarrhofs« wie ein Fossil steht. Die »Elektrische« fuhr daran vorbei, auf ihrem Weg durchs Dornbirner Ried nach Lustenau.

Dann ist der »Pfarrhof« hinter dem Vorhang des großen Verkehrs verschwunden, der dort täglich vorbeidonnerte. Jetzt – in der Stille der Fußgängerzone – ist der Blick wieder frei geworden und es fällt auf, wie unangebracht dieser Bau hier ist.

Der alte Marktplatz: auf alten Photographien – mit Ausnahme der Kirche – ein wirklich schöner Platz. Heute, flankiert von Verlegenheitsbauten aus den fünfziger Jahren, ausgelegt mit klobigen

St.-Martins-Kirche, Dornbirn

Steinplatten, erinnert er an die rasch aus dem Boden gestampften Stadtzentren des Wirtschaftswunder-Deutschlands.

Keine Stadt, kein Zentrum, aber auch nicht die geregelte Zerstreuung der wirklichen Städte: vielmehr ein loses, unkoordiniertes, gedankenloses Würfel-hier, Würfel-dort, ohne den Glücksfall des zufällig Gelungenen.

Aber nicht um Kritik geht es mir, nicht um Rüge, sondern um das Spezifische des Gefühls der Bewohner dieser Stadt.

Bregenz z.B. hat seine Einheit und Identität weitgehend bewahrt. Es ist ein historischer Ort, privilegiert durch seine Lage. In Bregenz kann man viel, aber nicht alles falsch machen. Das verhindern der See und die Berge. Wo es sich hinausdehnt nach Hard und uferwärts: Mißgeschick der groben Streuungen durch Supermärkte und Tankstellen. Auch Dornbirn hat diese Streuung erreicht. Aber für Dornbirn sind diese neuen Trabanteneinkaufsstädte energetisch schwerer zu verkraften, da ihm eine festgefügte, historische Gestalt mangelt. Daher Windbrüche, nach allen Seiten. Zugluft gewissermaßen in der ganzen Stadt, von Windschneisen, äußeren und inneren, die jetzt allseits einbrechen.

Windschneisen, große, zersiedelte Flächen mit ihren bekannten Konsequenzen: Verlust des Zusammenhalts, Gesichtslosigkeit, Orientierungslosigkeit.

Zu Fuß bin ich noch einmal einige Wege abgegangen. Vorbei an den »Weltlichtspielen«, wo ich noch für 17 Schilling in Reihe drei gesessen habe. *Was* habe ich gesehen? Sehr wenige Filme, und fast nur schlechtes Kino. Als der »Filmkulturklub« gegründet wurde, dauerte es nicht mehr lange, und ich habe die Stadt verlassen.

Über den Marktplatz, den die Steinplatten merkwürdig vergrößert haben (zugleich haben sie ihm die Leere eines leeren Schwimmbeckens verliehen, den alten Dorfbrunnen an den Rand geschoben).

Noch immer senke ich vor den Dornbirner Polizisten den

Kopf, halte den Atem an, erwarte eine zudringliche Frage. Schon immer hatte ich das Gefühl, als hielten sie hier mehr als anderswo die Hand auf alle Dinge, an denen einer wie ich kein Recht hat.

Dann: das türkische Kind mit seinem Spielzeuglaster an der Schnur: wohltuende fremde Form.

Ein Türke und seine Frau – kein »Paar« für unsere Augen, da die Frau drei Schritte hinter ihrem Mann geht – gehen vom Gehsteig, bevor ich ihnen Platz machen kann. Der Mann sagt sein »Grüß Gott« beinahe wie ein Einheimischer.

Dornbirn, Fußgängerzone

Die Kleidergeschäfte haben jetzt italienische Namen: sie heißen »Vacanze«, »Il Paradiso« usw …

Mitten in der Stadt, an der Schmelzhütterstraße (hinter dem »Sägerhof«) fließt ein kleiner stiller Kanal. Erstaunlich, er ist ganz klar, und Forellen schießen seinen Lauf hinauf, wenn man sich nähert. Später, hinter der Schreinerei und dem »Zumtobel Leuchten«, ist er trübe, er hat alle chemischen Farben, und es gibt keine Fische mehr.

Weiter dort, im Backmittelgeruch der Bäckerei Ölz, Kuchen

für alle Tische Österreichs. In Wien war ich immer gerührt, wenn ich den Namen Ölz im Regal las.

Aus einem der letzten alten, ganz vernachlässigten Holzhäuser sieht mir ein Türke lange nach. Dabei tritt er, je weiter ich mich entferne, mehr und mehr in den Winkel des Fensters, preßt zuletzt seine Nase an die Scheibe.

Und der freundlich, leicht debil lächelnde junge Mann auf dem Fahrrad, er lächelte mich schon vor fünfzehn Jahren so an wie heute. Er ist unverändert, als hätte ich ihn gestern zuletzt gesehen. Aber er erkennt mich nicht wieder, dessen bin ich sicher.

Letztes Singvogelgezwitscher, wie im Traum, und vor den graublau dunkelnden Bergen die Lichtkreuze im großen Würfel des Krankenhauses.

Große stille Augen des türkischen Mädchens auf der Mauer bei der Südtirolersiedlung. Schon immer gab es dort große Augen.

Alle Blickschneisen jetzt offen: Im letzten müden Licht treten die umliegenden Hügel deutlich hervor, heben sich gegen die grauen Berggruppen im Osten ab; und die Stadt liegt endlich in ihr Umfeld gebettet da. Und an der großen Durchzugsstraße, wo die Samstagsausflügler nach Hause drängen, aufgescheucht vom Reifenquietschen der ersten Nachtschwärmer, klirrt der Ruf der Amsel.

## Jürgen Benvenuti: Metall Plastik und andere Organe

*In der Rezeption seiner Texte wurde Jürgen Benvenuti gerne mit dem Etikett »junger Wilder« bedacht – die Selbststilisierung des Autors (etwa als »Tattoo Demon«) war an dieser Zuordnung nicht unbeteiligt. Mit seiner als zu bieder empfundenen Heimat Vorarlberg geht Benvenuti hart ins Gericht. Er konkretisiert in »Metall Plastik und andere Organe« den Ort nicht, aber man kann hinter dieser kompromißlosen Abrechnung Dornbirn sehen, wo Benvenuti die Schule besuchte.*

Braunes Lodenfleisch schiebt sich durch aufmodernisierte Fußgängerzonen. Autolärm wird schallwellenmäßig in indifferente Gesichter geschleudert. Eingefallen. Vernarbt. Zerbombt. Fleisch-bro-cken. Zerstört von jahrzehntelanger unsinniger zermürbender sinnleerer Arbeit. Tanathoide Granitblöcke. Die Augen: vorhanden. Aber: glanzlos gemacht. Stumpfgequetscht von Metallpressen. Fünf Uhr früh bis ein Uhr mittags. Wenn sie umherschweifen, treffen sie auf Spiegelbilder. Verkrüppelte Hände zucken kurz in die Höhe: bis morgen. Dreißig Grad Schwenk der Kamera: blaukopfhaariges Schrumpffleisch tropft gallig aus Kaffeehaustoren. Metallbewehrt und tierhaarumhüllt ätzt es durch saubere Straßen. Getragen von 1. brüchigen Kalkstützgerüsten 2. Enkelkindern (die ihren Fängen heute nicht entkommen konnten). Weiters: buntsynthetisierte Roboter quellen aus Boutiquen. Schick eingesargt in Tierhaut. Vorzugsweise schwarz oder braun. Vakuumverpackt und steril wie ihr Leben. Vom Haushaltsgeld abgesparte Stoffstücke werden in gut sichtbaren Einkaufstaschen spazierengetragen. Kein Problem, denn: der Bankdirektor ist ein Freund der Familie. Kurz blitzt das wasserstoffblonde Haar einer Verkäuferin auf. Ihre Eduscho Ohrringe glänzen im kalten Licht

Dornbirn, Fußgängerzone

des Kaufhauses. Frauen knien vor Hundefutterdosen auf dem Boden. Ordnen Waschmittelkartons um. Vor dem Eingang ein Schild: seit fünfzig Jahren zu Ihren Diensten. Zwei Generationen von Speichelleckern huschen durch Gänge. Knappe Anweisungen platzen aus ihren Schlünden. Nach sich ziehend: sofortige Bewegungen. Unterwürfig und haßerfüllt. Schnitt und Standortwechsel: das chemische Plätschern des Rheins übertönt sanft Stickereilärm. Ein Blick aus dem Fenster zeigt: Rheinvorland. Grün soweit das Auge reicht. Dann: Plastik. Und weiters: Metall. Als Sahnehäubchen quasi: Fleisch. Ein wenig zumindest. Plastik Metall Fleisch mäandert auf einem Betonstreifen durchs Gras. Links: Kühe. Rechts: Damm. Dahinter: Wasser. Unrhein. Aber: dem erschöpften Auge so zuträglich! Angesagt ist: Sport. Sprich: fitwerden für den morgigen Arbeitstag. Und: Fleischbeschau. Was der Mann nicht in sein Auto wird der Nachbarin ins Gesicht gesteckt. Denn: Kredite machen glücklich machen hübsch machen beliebt machen NORMAL. Wenn man wer ist kann man auch haben was einem gar nicht gehört. Präferiert: Wohnkäfige. Klein aber mein und unverputzt. Draußen bleibt wer nicht herein gehört. Wesen die nichts haben und niemand sind und keine Kredite bekommen. Sprich: Ausländer. Aber: man selektiert wie das die Natur der Natur ist. Gegen Deutsche Schweizer Liechtensteiner hat man nichts. Denn: die haben was. Der Rest wird segmentiert: 1. Wenn er für zehntausend brutto Garn wickelt ist er: der nette Ali von nebenan. 2. Wenn er vom Ausland aus Grundstücke im Bregenzerwald aufkauft ist er: ein Liebhaber der schönen vorarlbergischen Landschaft. Alles andere ist: ein Wirtschaftsflüchtling. Langsam senkt sich Dämmerung herab. Maschinen stehen still. Menschen liegen hinter Fernsehapparaten. Realität ist schön ist heiter ist sauber ist ABSCHALTBAR. Polizeilich sanktionierter prä-zehn Uhr Lärm schwingt sanft zwischen den Häusern. Dann: Stille. Steril. Aseptisch. Kein Ton. Totale: glänzend. Alles. Und sauber. Ruhig. Verlassen. Kulisse für Pappfiguren. Ein leichter Wind streift durch Straßen. Ungehindert. Freie Bahn. Licht aus. Ton aus. Klappe. RIGOR MORTIS.

# Robert Schneider: Schlafes Bruder

*Es wäre müßig, noch Worte über den legendären Erfolg von Robert Schneiders Roman »Schlafes Bruder« zu verlieren – über die »Geschichte des Musikers Johannes Elias Alder, der zweiundzwanzigjährig sein Leben zu Tode brachte, nachdem er beschlossen hatte, nicht mehr zu schlafen.« Die unzähligen Rezensionen, Artikel, Interviews quer durch alle Medien und ein »Materialienband« stehen für sich. Robert Schneider läßt die Handlung in einem fiktiven Ort spielen, aber »Eschberg, ein Bergdorf im mittleren Vorarlberg«, könnte durchaus sein Vorbild in Schneiders Heimatort haben. Dieses kleine Dorf Meschach oberhalb Götzis' ist nur auf einer schmalen Stichstraße mittels atemberaubender Anfahrt durch Felsabbrüche erreichbar. Die Ausschnitte aus dem Kapitel »Das Wunder seines Hörens« geben Einblick in das archaische bäuerliche Leben in solcher Abgeschiedenheit, wie es ähnlich früher vielleicht tatsächlich aussah, und zeigen das Unverständnis, das man dem Kind, welches das Universum tönen hört, entgegenbringt.*

Blick von Meschach Richtung Rheintal

Den ganzen Nachmittag schwappte der Nebel vom Rheintalischen herauf und herein in den Weiler Hof, wo das Anwesen des Seff Alder lag. Der Nebel gefror in den Wäldern, zog eisige Fäden von den Zweigen und beschlug die Rinde der Tannen südseitig. An diesem Nachmittag lagen sich Mond und Sonne gegenüber. Der Mond eine zerbrochene Hostie, die Sonne die Wange der Mutter. Das Kind stand auf dem Schemel am Fenster des Bubengadens, das die Seffin jetzt doppelt verriegelte, indem sie zwischen Griff und Stock ein Holzscheit sperrte. Elias stand und stierte hinab zum Waldrand, dahinter die Emmer floß. Sein Gemüt wurde ihm elend. Er müsse hinunter.

In der Nacht erwachte das Kind vom bloßen Klang der niedergehenden Schneeflocken. Irr vor Freude sprang es zum Fenster, schob es auf und blieb dort unersättlich lauschend bis zum Morgengrauen.

Niemand sorgte sich um Elias. Man sorgte sich in Eschberg überhaupt nicht um seine Kinder. Als bei einem fürchterlichen Wetterschlag ein Aldersches im braun stürzenden Wasser der Emmer ertrunken war, schlich sich die Mutter mit den Worten aus der Sache, daß bisher noch jedes den Weg von selbst heimgefunden, und daß halt der Herrgott dem armen Göblein die Stunde aufgesetzt habe. Einige Tage nach jenem Unwetter begann Seff das Schwemmholz der Emmer auszurichten. Dieses Recht stand den Bauern seit Jahrhunderten an. Was einer an Schwemmholz ausrichten konnte, gehörte ihm, war Freiholz. Das Ausrichten des Holzes war aber stetiger Anlaß zu Streitereien und blutigen Händeln, denn es mochte durchaus geschehen, daß mutwillig eine fette Tanne vom Waldstück des Nachbarn mitfiel und hartnäckig als Schwemmholz ausgegeben wurde.

Anläßlich dieser Ausforstung der Emmer durfte Elias den Vater begleiten. Und dort entdeckte das Kind jenen Ort, genauer gesagt jenen wasserverschliffenen Stein, der ihn auf so unheimliche Art und Weise anzog. Seff war damals aufgefallen, wie das Kind beim Sanden und Schlammen plötzlich innehielt, das Köpfchen nervös von der einen auf die andere Seite warf, als müßte es angestrengt zuhören. Dann stieg und kletterte das Kind gehetzt durchs Unterholz, als würde es von einer unbekannten Macht gerufen. Wie es schließlich alles ihm Erreichbare an Mund und Ohren führte, Schlamm, Kiesel, Käfer, Salamander, Gräser und faulende Blätter, rief Seff es beim Namen, ihm zu bedeuten, daß es ja nicht allein in dieser Wildnis sei. Daraufhin erschrak das Kind so entsetzlich, daß es laut zu weinen anfing und sich lange nicht mehr trösten lassen wollte. Auch wich es keinen Fußbreit mehr von einem bestimmten Steinvorsprung, und Seff mußte den Jungen mit Gewalt vom Stein zerren und unter seinen Arm zwingen. Aufgrund dieser Beobachtung dürfen wir behaupten, daß das Wunder den Elias nicht wie ein Blitz aus offenem Himmel getroffen hat, sondern sich mählich, ja beinahe menschlich ankündigte.

## Petra Nachbaur:
## ocean boy 1000

*Ähnlich wie Meschach liegt Fraxern hoch über dem Rheintal an den Abhängen des Bregenzerwaldes. Fraxern liegt allerdings in keiner schroffen Umgebung, die günstige Hanglage läßt hier die »Fraxner Kriasi«, die weitum bekannten Kirschen, gedeihen. Nach einem Großbrand 1934 besteht die Ortsmitte vornehmlich aus Neubauten, was dem Eindruck dörflicher Idylle keinen Abbruch tut, man scheint viel Energie in die Pflege des Erscheinungsbilds der Häuser zu stecken. Petra Nachbaur gelang eine wunderbar dichte, sanft ironische Momentaufnahme dieser ländlichen Welt, einer Welt, deren feste Ordnung alle zu erhalten trachten: sowohl alt – mit den Institutionen Ribl (Vorarlberger Nationalgericht, eine Art Getreidemus), Gott und dem Wunschkonzert (aus einem alten Röhrenradio mit dem titelgebenden, weltläufigen Namen) – als auch jung – bei der Garten- und Fußpflege.*

das leise rauschen
im eckbankeck die fliegen
klebstreifen das schweißtuch der
veronika unter der schürze dreifaltig
kleid den offenen fuß (mitte
siebzig)      den herd gescheuert mit schmirgel
papier in der schwarzen pfanne
den ribl gestört      vorhänge schließen
geblende aus unterm bank schnauft
der hund wie ein schlafendes
mannsbild die zeit streicht in ab
gestandenen vierteln vom
wurfnahen kirchturm den butter
aufs brot – ich bin der
weg & das wunschkonzert
unterm haus richten füße
(mitte vierzig) den garten
getränkt das grab begrünt
sonnwarmes seifwasser plastik
schaff schabt bimsstein horn
haut von fersen

»Heimat am schönen Bergeshang, Dir bleib ich treu mein Leben lang!«, Fraxern

## Wilhelm Frey:
## Das bunte Haus

*Ab 1617 gestatteten die Grafen von Hohenems mit einem Schutzbrief die Ansiedlung von Juden in ihrer Stadt. Das geschah zu einer Zeit, als Hohenems mit seinem prächtigen Renaissancepalast ein kultureller Mittelpunkt des Landes war. Die jüdische Gemeinde in Hohenems erlangte schnell überregionale Bedeutung, aber bereits 1663 wurde sie zum ersten Mal aus der Stadt vertrieben. Erst ab dem Ende des 18. Jahrhunderts konnten Juden mit Beständigkeit rechnen. Im ausgehenden 19. Jahrhundert wanderten viele Gemeindemitglieder aufgrund der Niederlassungsfreiheit ab (die Mutter Stefan Zweigs stammte aus der Hohenemser Judengemeinde, worüber dieser in »Die Welt von gestern« schreibt); 1938 lebten nur mehr knapp 20 Juden in Hohenems. Nachdem man nach 1945 jahrzehntelang das jüdische Erbe nicht beachtete – die Synagoge wurde 1955 zu einem Feuerwehrhaus umgebaut –, setzte man 1991 mit der Eröffnung des bemerkenswerten Jüdischen Museums einen wichtigen Akzent. Mittlerweile gibt es Bestrebungen zur Erneuerung des baufälligen jüdischen Viertels.*
*Der in Hohenems aufgewachsene Journalist Wilhelm Frey läßt zwei seiner 1857 erschienenen moralischen »Erzählungen für die reifere Jugend und ihre Kreise« in seiner Heimatstadt spielen. Die eine, »Das bunte Haus«, warnt vor den Gefahren und Folgen einer Loslösung vom Judentum. Frey schreibt sicherlich keine große Literatur, der Text »ist in erster Linie als kulturgeschichtliche Quelle bemerkenswert« (Purin).*

Der Flecken H. im südlichen Deutschland hat bloß zwei regelmäßige Straßen; damit ist aber nicht gesagt, daß H. so winzig klein sei, denn geht man eine halbe Stunde nach Süd oder Nord, oder Ost oder West, so wird man noch immer Marksteine finden, auf denen zu lesen ist: Gemeinde H., und Häuser oder vielmehr Häuschen, deren Einwohner stolz darauf sind, in den Gemeindeverband von H. zu gehören. Doch kommen wir wieder auf unsere zwei Straßen zurück. Die eine derselben heißt »Christengaß«,

Ehemalige Synagoge, Hohenems

die andere »Judengaß«. Erstere ist für einen Markt mit zwei Straßen ungewöhnlich lang und regelmäßig angelegt, und wenn auch die meisten Gebäude unansehnlich, baufällig oder teilweise sogar mit Stroh oder Schindeln gedeckt sind, wenn also einzelne Häuser, wie die »Gerb«, die »Krone« und die »Tavern«, ihrer Festigkeit und hübschen Außenseite wegen, eine Seltenheit sind und mit verächtlichem Stolze auf ihre Brüder rechts und links schauen, so wird doch niemand sagen können, daß eines dieser Häuser nur um einen Zoll breit, sage um einen Zoll breit, sich dem anderen vordränge. Ganz anders sieht es in der »Judengaß« aus. Da haben die meisten Häuser ein behäbiges Aussehen, die Schindeldächer sind schon längst mit Stumpf und Stiel ausgerottet, und zur Nachtzeit flüstern sich ihre Nachkommen, die Ziegeldächer, einander Mythen zu, wie es einst eine Zeit gewesen, wo die Menschen unter Holz und Stroh gewohnt. Ja, einige Häuser haben sogar drei Stockwerke, was gewiß ein seltener Vorzug eines Marktfleckens mit zwei Straßen ist. Der Wahrheit zu lieb muß ich doch gestehen, daß es hier nicht so regelmäßig, so schnurgerade aussieht, wie dort drüben in der »Christengaß«. Es scheint, als wären einzelne Häuser durch einen übermäßigen

Ehrgeiz dazu verleitet worden, ihre schwächeren Gesellen zurückzudrängen, daher es denn auch gekommen sein mag, daß die »Metzg« ganz im Winkel steht, was freilich kein Schaden ist, den die Metzg war, ist und wird ewig eine Schande der Baumeister sein.

Gerade in der Mitte der Gasse steht ein ansehnliches Haus, dessen Außenseite ursprünglich gelb angestrichen war. Durch irgendeinen Zufall war das eine Gebäude zwei Eigentümern zugehörig, dem einen gehörte das obere, dem anderen das untere Stockwerk. Der Herr im »Obern« war ein trotziger Herr. Plötzlich fiel es ihm ein, seinen Teil grün anstreichen zu lassen. Unglücklicherweise lebten die gleichzeitigen Besitzer nicht in schöner Eintracht, und der Herr im »Untern« ließ sich nicht dazu herbei, sein Stockwerk frisch zu übertünchen, und dazu konnte ihn auch niemand zwingen. Der obere Herr ließ sich nicht von diesem Eigensinn beirren, bestellte zwei Maurer und ließ seinen Teil grün anstreichen, während der untere gelb blieb.

Nach einigen Wochen schon konnte sich das Auge an einer herrlichen Farbenpracht ergötzen, denn der Regen trug das Seinige dazu bei und spielte einzelne Streifen der grünen Farbe in

Jüdischer Friedhof Hohenems

das Gelbe hinunter, so daß jenes Haus einer verwitterten Tapete oder einem Faschingsnarren aufs Härchen ähnlich sah. Ich habe dieses jedenfalls merkwürdige Gebäude darum meinen Lesern vorgeführt, weil es eine nicht geringe Rolle in unserer Geschichten zu spielen hat und weil es jedem zur Ansicht zu empfehlen ist, den einmal das Glück nach H. führt. Und dieses Haus, nicht gerade merkwürdig durch seine Vergangenheit, es hat kein Raubritter, kein Burggraf, kurz nichts dergleichen drinnen sein Unwesen getrieben, es war merkwürdig durch seine damaligen Bewohner, durch seinen Herrn im »Untern« und durch seinen Herrn im »Obern«, denn diese waren sich so spinnefeind, sie haderten so oft miteinander, daß der obere schon ein Mal im Zorne gedroht hatte, die ganze Bude anzuzünden und sich dann eine Pfeife Tabak daran anzubrennen.

## Johann Häusle: Rankweilische Chronik

*Die Verfasser von Chroniken, eines seit dem Spätmittelalter jahrhundertelang sehr beliebten Genres, waren meist studierte Leute. Johannes Häusle war eine große Ausnahme, er war ein »Mann des Volkes«, von Beruf Rotgerber. Er konnte lateinische Geschichtswerke nicht mit einbeziehen, er schrieb die mündlichen Überlieferungen nieder und bei einigen in Deutsch abgefaßten Büchern ab: »Er gibt die Tradition des Volkes wieder.« (Burmeister) Das Wahrzeichen Rankweils ist die spätgotische Wallfahrtskirche »Unsere Liebe Frau Mariä Heimsuchung« auf dem seit Urzeiten besiedelten Liebfrauenberg. In der Kirche hängt ein romanisches Kruzifixus aus dem Ende des 12. Jahrhunderts, das 1728 eine Silberhülle erhielt. Das Kreuz, wie einem Informationsblatt des Verkehrsvereins Rankweil zu entnehmen ist, »gilt als wundertätig«. Kein Wunder, daß sich Häusle im ersten Teil seiner Chronik (1758) ausführlich dem berühmten Kreuz widmet.*

Anno Domini Christy 1233 ist das miraculos heilige Wundercreüz gefunden worden zwüschen dem Waßer zu Muntlix bey dem sogenantten Heiligen Creüz Brunen. Die Sach hat also zugetragen: Ain Hierttenknäblein hüetette das Viech, sache von weitterm etwaß glanzen, geth dem Glanz zu und sache ein schönes

Liebfrauenberg, Rankweil

Creüz, halben Taill inen Sandt vergraben ware, löste eß aus dem Sandt. Eß kommen Leütt von hier als von nemlich von Ranckhweil auch von der Sulzer Seitten darzu. Der Hierthenknab ware von Ranckhweil. Es erhueb sich ain Streith. Die zu Sulz wohlen daß heilige Creüz auf ihren Seitten in die Khierchen thouen. Die von Ranckhweil wollen es auch auf den Schon Maria Berg in die Kierchen tragen. Wie es aber in der gleichen Umstenden zue geschechen pfelgt, so kan der Streitt nit gestilet werden. Es kombt aber entzwüschen ain Unbekantter ehrwurdiger alther Man, glaublich ist es der Heilige Apostell Petterus gewesen, gibt inen den Rath, sie sollen daß Heilige Creüz auf ain Wagen legen und zway Oxen, welchen kain Joch auf dem Kopf gehabt, den ainten sollen sie nehmen von Ranckhweil, den ande von Sulz, dise vor den Wagen spangen. Woho also dis Oxen ohn Weisung oder Fuohrmann daß Heilige Creüz hinziechen, solle es bleiben. Seindt baide Thaill desen zuefryden. Wie solches geschechen, seindt die Oxen alls hetten sye Menschenverstandt mit dem Heiligen Creüz auf den Schönen Maria Berg auf Ranckhweil gezogen.

In disem wunderthätigen Heiligen Creüz ist ain heiliges Partickhell von dem Heiligen Creüz Christy. Von Gebain St. Chatharina, St. Cirily, Jodocy, Christophory, Margaretha, von St. Nicolay Meß Gewandt, von St. Lucy, Laurenty, Georgy, Ursula, Königundiß, von 1100 Jungfrauwen, darzu mehr dan 40 Stuckh Heiligthum dero Namen unbewußt. Diseß Heilige Creüz ist erneurwerth worden so vill bewust daß erste Mahl, Anno Domini 1347 und Herren Grafen von Monthforth, ein Commentür St. Johanneß Ordens, daß andere Mahl Anno Domini 1431 Regierung Graf Fridrich von Togenburg, daß driette Mahl und Kayser Ferdtinandt den Ersten. Her Johan Steidler Pfarrer zue Ranckhweihl, daß virte Mahl Anno Domini 1606 under Khaiser Ruodolph den andern, Herr Rochus Blanckh Khayser Leopoldt deß Ersten erneuwereth und Gott Vatter darzue in die Gnadencapel mit ainer Solnetet gestelt worden. Damahl ware Pfarher Johan Joseph Satori. Daß sechste Mahl Anno Domini 1728. Under

Khayser Carolus deß Sechsten, damal ware Pfarher Johan Evangelißt Suner Doctor der Heiligen Schrift, costbar mit vergulden Khupfer und Silber gefasett worden. Bey Erbawung der Marianischen Khirchen seindt daß erste Jahr über die hunderth Wunderwerckh und Mirackhell geschechen. Von weiteren uhnzahlbahren Mirackhell und Wundzaichen will ich reden lasen, die vermoderethe Tailß, in der Khirchen nachsechende neüe und althe Votivtaflen. So durch die Vorbitt der Muetter Gottes und deß Heiligen Creüz Benediction geschechen.

## Paula Ludwig:<br>Buch des Lebens

*Die Dichterin und Malerin Paula Ludwig hatte in den zwanziger und dreißiger Jahren ihren unumstrittenen Rang in der literarischen Welt des deutschen Sprachraums. Zu dieser Zeit hielt sie sich vornehmlich in Berlin auf, 1934 verließ sie jedoch als »reine Gesinnungs- und Gewissensemigrantin« (Erika Mann) Deutschland und übersiedelte nach Österreich, nach Ehrwald an der Zugspitze. Ludwig hatte bereits ihr erstes Lebensjahrzehnt in Österreich verbracht, auf Schloß Amberg bei Feldkirch, worüber sie in der 1936 erschienenen Autobiographie ihrer Kindheit und Jugend, »Buch des Lebens«, berichtet. Trotz der künstlerischen Erfolge waren ihre damaligen Versuche, die österreichische Staatsbürgerschaft zu erlangen, vergeblich (sie war wie ihr Vater Deutsche); die Behörden ihrer Geburtsstadt Feldkirch verhielten sich kleinlich-bürokratisch. Einen Tag nach dem Einmarsch der Hitler-Truppen floh sie 1938 in die Schweiz und kehrte erst 1953, nach 13 Jahren brasilianischem Exil, nach Europa zurück. Doch weder Deutschland noch Österreich hatte Freude mit der Remigrantin. Paula Ludwig, deren ökonomische Situation in der Wiederaufbauzeit sich eher erschwerte als leichter wurde, schrieb denn auch 1958 von einer »fatalen Heimkehr«.*

Mein Vater stammte aus Schlesien. Seine Vorfahren sind dort Förster, Feldhüter und Grenzwächter gewesen.

Mein Vater war Tischler, machte Schränke, Orgelschreine und Särge.

Oft hat er in einem Sarg geschlafen, wenn die Müdigkeit ihn übermannte und er zu faul war, nach Hause zu gehen. Ein paar Hobelspäne als Kopfkissen.

Er kannte die Großstadt, nannte sich aufgeklärt; Rot und Grün waren seine Lieblingsfarben: Grün, weil die Bäume grün sind, Rot, weil die Freiheit rot ist!

Als Handwerksbursche zog er vom Norden nach dem Süden. Er ging über die Donau und sah zum erstenmal das Hochgebirge. Jeder Paß reizte ihn, darüber zu steigen. Er kostete das Wasser der Wildbäche, schmeckte die Luft der Firne, rief aus: hier ist die Freiheit, hier wolle er bleiben.

Sein Zukunftswunsch ging nach einem Häuschen am Bergrand, einer kleinen Werkstatt und einem friedlichen Leben unter immergrünen Tannen.

Gerade dann sprach er am sehnlichsten von diesem Traum, wenn er einen seiner Anfälle hinter sich hatte, wenn er getobt, Möbel zerschlagen und uns und die Nachbarn zu Tode geängstigt hatte.

Ich weiß nicht, auf welcher Straße in Tirol mein Vater meine Mutter kennenlernte. Sie war heimisch in Österreich, und unsere Urgroßmutter saß damals noch auf ihrem kleinen Bauernhof, aber sie hatte so viele Kinder und Kindeskinder, daß wir als die letzten kaum noch mitzählten. Meine Mutter war als Stubenmädchen bei einer Gräfin in Dienst gewesen, bevor sie meinen Vater heiratete. Sie erzählte uns nicht gern von der Vorgeschichte ihrer Ehe, sagte nur: »Er hat so gut reden können.«

Ungewöhnliche Wohnsitze suchte mein Vater für seine Familie aus. Meine Schwester, das erste Kind, wurde in einer halben Ruine geboren.

Wo immer ein Turm von einem Abhang winkte, ein einsames Gemäuer aus dem Tannendickicht schaute, ein zerfallenes Kloster sich hinter einem Hügel versteckte, da überall hinein wäre er am liebsten gleichzeitig gezogen. Ja, er machte die Wahl seiner Arbeitsstätte abhängig von solchen Wohngelegenheiten. Nirgends blieb er länger als ein Jahr, die Pässe reizten ihn immer noch und die fremden Täler. Zuletzt ging er über den Arlbergpaß und kam in das Land der lieblichen Hügel, der Obstbäume und Maisfelder.

Mit Falkenauge spähte er umher, und siehe: vor ihm auf einem

Schloß Amberg, Feldkirch

Berg, einsam und uralt, grüßte ihn ein Turm, ein graues Schlößchen, wie es urälter und wilder nicht sein konnte. Zwischen zwei vermoosten Mauern führte ein sanfter Weg zur Anhöhe hinauf.

Das Gebäude war unbewohnt, das Haustor gänzlich zugewachsen mit schwarzem Efeu. Das Holz der Efeustämme war eins geworden mit dem Holz der Tür. Der Unterbau des Turmes bestand aus dem Felsen selber, auf dem das Schlößchen errichtet war, und die Nordwand fiel in einer steilen Senkrechten ins Tal hinab. Riesige Tannen verbargen dem Blick den Abgrund. Die Rückwand des Hauses setzte ein Wald fort, der so tief und unendlich war, daß die Weg sich darin verloren und man meinte, er ginge bis zum Aufgang der Sonne.

Gegen Süden und Westen aber öffneten sich Wiesen, bepflanzt mit Obstbäumen, durchzogen von kleinen Pfaden, durchplätschert von einem Bächlein, und ihr Anblick war heiter im Gegensatz zu dem düsteren Hintergrund.

In der Ferne konnte man die Schneehäupter sehen, die Firne der Alpen und in der Ebene das Flußbett des jungen Rheins.

Nie habe ihm das Herz so geklopft, erzählte mein Vater, wie damals, als er gleich einem Eroberer um das Schlößlein herumschlich, den verwilderten Garten entdeckte und den eingesunkenen Brunnen, von Brombeeren überrankt.

Am selben Tag noch sah er sich nach Arbeit um und fand im Ort, zu Füßen des Berges, eine Orgelbauwerkstatt, die ihn sofort einstellte.

Nun lief er zum Gemeindeamt des Dorfes und erhielt die Erlaubnis, in das Schloß am Berg zu ziehen. Er brauchte keine Miete zu zahlen, im Gegenteil, man freute sich, daß ein Tischler darin hausen, die Balken stützen, die Türen ausbessern, den Garten wieder urbar machen würde.

Unheimlich war den Dörflern mein Vater, der da hinauf zog zu den Füchsen und Käuzen – nur meine Mutter, mit dem Kind auf dem Arm und in gesegneten Umständen mit mir, milderte seinen befremdlichen Eindruck.

»Ist es euch denn nicht zu einsam da oben?« frugen sie. »Habt ihr keine Angst vor dem Wald? Und dann der ewige Wind und im Winter der hohe Schnee...!«

Drei Meter dick waren die Mauern des Turmes. Man erzählt, der Kaiser Maximilian habe es seiner Geliebten erbaut. Ein unterirdischer Gang führte vom Schloß in die Kapelle hinab, und darin sei das Fräulein auf einem weißen Schimmel in die Messe geritten. Jetzt war dieser Gang ganz verschüttet, aber mein Vater entdeckte den Eingang der Höhle und benutzte sie als Kaninchenstall. Ein Hündchen schaffte er sich an, einen hochroten Spitz. Er bellte fürchterlich und biß nie.

Einmal, erzählte mein Vater, seien sie spät in der Nacht heimgekommen, und da stand etwas Dunkles vor der Tür. Leo bellte wie toll. Mein Vater schrie: Wer da? Keine Antwort. Leo bellte noch wütender. Mein Vater schrie noch einmal: Wer da? Die dunkle Gestalt bewegte sich nicht. Da faßte mein Vater mutig seinen Stock und hieb mit aller Wucht darauf ein. Da fiel es polternd um. Er hatte die neuen Bretter, die beim Holzhändler bestellt waren, zum Teil zerschmettert.

Ja, meiner Mutter wurde es zuweilen bange, tagsüber, allein mit meiner Schwester, wenn die Stille gar so groß war und der Wind sich mit dem Singen der Vögel und dem Summen der Bienen zu einer eintönigen Stimme mischte – und dann im Herbst, wenn er aufheulte, die Tannenzweige an die Fenster klopften wie Finger und die Tierschreie aus dem Wald kamen, wenn in der frühen Dämmerung, angelockt vom Lampenschein, die Käuzchen vom Fenster hereinschauten mit ihren großen Nachtaugen, wenn der hohe Schnee lag, der Brunnen zufror und die hungrigen Füchse um die Mauern schlichen – dann war sie froh, wenn der Vater von der Arbeit heimkehrte. Oft brachte er Wein mit und ein paar Kollegen, denn er liebte die Geselligkeit inmitten der Einsamkeit. Dann waren sie vergnügt bis Mitternacht. Mein Vater erzählte, hielt seine Reden, und man feierte voraus die nahende Jahrhundertwende. Sie und meine Geburt standen vor der Tür. Mein Vater erhoffte alles vom zwanzigsten Jahrhundert, in mir aber erwartete er einen Sohn.

Mahnmal für die NS-Opfer beim Bahnhof Feldkirch, von Harald Gfader unter Verwendung eines Zitats von Carl Zuckmayer gestaltet: »Als der Zug langsam in Feldkirch einfuhr und man die grellen Kegel der Scheinwerfer sah, hatte ich wenig Hoffnung. (...) Der Tag dämmerte bereits, mein Puls klopfte mit dem Ticken der Uhr. Wenn man nur schon raus wäre. Jede Sekunde kann irgend eine neue Wendung bringen. Jede Ablösung eines Grenzbeamten eine neue Verdächtigung, die ganze Komödie war umsonst.«

## Max Riccabona: Epiphanien in der Löwenschwemme. James Joyce in Vorarlberg

*James Joyce lebte bei Ausbruch des Ersten Weltkriegs als Sprachlehrer in Triest, 1915 reiste er in die Schweiz aus, sein Bruder war wegen seines Bekenntnisses zum italienischen Irredentismus interniert worden. Am Bahnhof Feldkirch, bei der Ausreise aus Österreich in die rettende Schweiz, erfaßte den Schriftsteller – wie viele Emigranten Jahre später auf der Flucht vor den Nazis – große Nervosität. Bei einem späteren Aufenthalt in Feldkirch kam er auf diese als schicksalhaft empfundenen Augenblicke am Grenzübergang zurück: Im Sommer 1932 besuchte Joyce mit seiner Familie das befreundete Ehepaar Jolas in der Stadt an der Ill. Der Schriftsteller arbeitete gerade an »Finnegans Wake« – Philologen fanden einige Feldkirch-Bezüge in diesem Werk (z. B. »Oh backed von dem zug!«). Da Joyce durchaus teil am »gesellschaftlichen Leben« des alten – mittlerwei-*

*le vorbildlich renovierten – Städtchens hatte, kam es, daß ein 17jähriger, literarisch ambitionierter Gymnasiast mit ihm bekannt wurde. 1978 verfaßte der Doyen der Vorarlberger und österreichischen avantgardistischen Literatur, Max Riccabona, einen Bericht über die Vorarlberger »Gotteserscheinungen« von Joyce.*

Während seines Aufenthaltes in Feldkirch unternahm James Joyce große Wanderungen entlang der Ill auf dem Damm, der an Nofels vorbei nach Bangs zur Rheinmündung führt. Sein »Flußkomplex«, wie er es nannte, kommt ja auch in seinen Werken sichtbar zum Ausdruck. Weniger bekannt ist seine geradezu panische Abneigung gegen das Auto (ein Fall von Präkognition?). Auch kleinere Wanderungen, wie aufs Älpele und den Hohen Freschen, wurden von Joyce und Jolas unternommen.

Von Joyce berichtet Eugene Jolas folgende Aussprüche, die er während seines Aufenthaltes in Feldkirch u. a. machte: Von Bergen und Flüssen: »... sie sind Phänomene, die bleiben werden, wenn alle Völker und ihre Regierungen verschwunden sind.« Ferner berichtet er in der gleichen Arbeit auch über ein »sonderbares Ritual«, welches Joyce damals auch in Feldkirch sich zu eigen machte. Jeden Tag eilte er etwa gegen halb acht Uhr abends auf den Bahnhof, wo gerade zu dieser Zeit der Orientexpreß durchfuhr. Sein Aufenthalt dauerte etwa zehn Minuten. Joyce ging ruhig auf dem Perron auf und ab. Einmal sagte er: »Dort auf den Schienen wurde 1915 das Schicksal des Ulysses entschieden ...« Er hatte nämlich damals, anläßlich einer Reise in die Schweiz, zu Feldkirch einen längeren Aufenthalt.

Nun ist der Augenblick gekommen, in welchem ich darüber zu berichten habe, wie ich selbst mit dem Dichter in Verbindung gekommen bin. Ich war, während Joyce in Feldkirch weilte, Gymnasiast der siebenten Klasse am humanistischen Bundesgymnasium in Feldkirch, ein mittelmäßiger Schüler und (in Anpassung an die damalige Mode unter Studenten) ein nicht unbetriebsamer »von Wirtshaus zu Wirtshaus-Säufer«. Mein Vetter Hermann v. V.

war damals Maturant und ich glaube mich daran erinnern zu können, daß er mich mit Joyce in der Löwenschwemme bekannt machte. Gleichzeitig weilte nämlich damals in Feldkirch ein Original aus Schottland, ein versoffener Oberst in Pension, der wunderbar schottische Balladen wie Maxwells Love oder so ähnlich mit eigener Klavierbegleitung zu singen wußte. Ich kann mir nun, nachdem mir das Werk James Joyces ziemlich bekannt ist, sehr gut vorstellen, daß mein Vetter Hermann und der Schotte, welche beide sich als sozusagen zwar nicht spirituelles, aber »spirituoses« Zwillingspaar durch alle Schenken Feldkirchs regelmäßig hindurchsoffen, die Sympathie des großen Dichters gefunden haben. Mein erwähnter Vetter war nämlich auch in seiner Art ein Genie. Ein aus einem tirolischen Kloster hinausgeworfener Novize, der unheimlich saufen konnte und mehr als zweihundert Verse der Ilias und der Odyssee im Urtext aufzusagen verstand. Nun wieder zu James Joyce. Regelmäßig nachdem er, wie bereits berichtet, seinen Spaziergang zum Bahnhof hinter sich gebracht hatte, war er dann Gast in der Löwenschwemme. Dort trank er einige Viertel weißen »Tischwein«, wie er ihn nannte (seine Gattin Nora fand dafür den verächtlichen Ausdruck »dishwine«). Es heißt, daß James Joyce alles Geld mit Wonne hinauswarf, vor allem für andere, daß aber selbst diese »Aktivitäten« ebenso wie seine großzügigen Geschenke mit seinem Werk in irgendeinem mystischen Zusammenhang standen. Auch sagt man weiter, wäre er überall bei solchen Gelegenheiten bei seinem Weißwein für alle Ewigkeit sitzengeblieben, hätte nicht seine Frau in einem bestimmten Augenblick erklärt, nun sei es Zeit zu gehen. Er gehorchte ihr schließlich, denn so lautete der Kompromiß, und die beiden Eheleute verstanden sich glänzend (obwohl Nora Joyce, so lautet das Gerücht, kein einziges seiner Bücher gelesen hätte). Später erfuhr ich auch, daß sein Lieblingswein »der Wein des Papstes« (château neuf du Pape) im Hinblick auf die damit verbundenen Assoziationen war. Obwohl ungläubig und vom römischen Katholizismus abgefallen, hatte er zu dieser Religion lebenslang ein sehr merkwürdiges Verhältnis, für das ich als Symbol am liebsten den Huaskabegriff der Inkas nennen möchte (der Mensch ist an die Sonne mit einem Seil angebunden). Um sich das damalige Milieu der Löwenschwemme zu vergegenwärtigen, dürfen wir sie uns nicht als ein gutbürgerliches Restaurant vorstellen, das sie heute ist. Sie war damals eine Kneipe, deren Kunden sich aus denkbar buntestem Volk gruppierten; aus Marktfahrern, Wilderern vor und nach Strafantritt im Gefängnis bzw. nach Verlassen desselben (zum Beispiel erinnere ich mich sehr gut daran, daß damals eine Kuriositätenschau in Feldkirch gastierte mit »der dicken Rosl aus München«, zweihundert Kilo schwer, auf deren Schenkel man gegen Gebühr einen Stempel drücken durfte), Karrenziehern, sogenannte Jenische aus dem Vintschgau, Zigeunern, die einem aus der Hand die Zukunft weissagten usw. Kurzum so richtig ein Milieu, aus welchem James Joyce, als »intellektueller Vampir«, wie er sich zu bezeichnen liebte, das Blut für seine Romanfiguren saugen konnte. Dies alles ist mehr als vierzig Jahre her, und doch deutlich erscheint er vor meinem geistigen Auge: in einer Ecke unter dem aufgehängten Maiskolben halb versteckt an einem Tisch sitzend, mit seiner scharfen Brille, ein kleines Notizbuch vor sich, in welches er hineinkritzelte. Dies

Bahnhof Feldkirch

waren seine erwähnten »Epiphanien«, womit er sagen wollte, daß die künstlerischen Erleuchtungen über ihn kamen wie die Flammen des Heiligen Geistes seinerzeit über die Apostel oder Erhellungen im Sinne des Tatvamasi, des »das bist Du« im Sinne des esoterischen Buddhismus.

# III. Bregenzerwald, Oberes Lechtal, Kleines Walsertal

## Norbert Mayer: wasser marsch

*Die Orte des Bregenzerwaldes entsprechen zum Großteil den Erwartungen des Besuchers: idyllische Bauerndörfer mit altehrwürdigen Wirtshäusern und schindelverkleideten Bregenzerwälderhäusern, dazwischen viele Beispiele gelungener moderner Holzarchitektur. Ganz spurlos gingen aber auch hier die unter dem Schlagwort »Dorferneuerung« firmierenden Umgestaltungen nicht vorüber, die anderswo allerdings noch größere Wunden in das Ortsbild zu reißen pflegten. Das Dorfzentrum von Egg bietet ein anschauliches Beispiel für eine solche ästhetisch bedenkliche Renovierung. Der in Egg geborene Dichter Norbert Mayer betrauert auf seine Art den Verlust des Alten an einem wichtigen Detail: dem Dorfbrunnen.*

der brunnen auf dem platz
der ein platz für den brunnen ist
war ein brunnen auf dem platz
der ein platz für den brunnen war

das plätschert
wie worte zu worten plätschern
die plätschern wie wasser
das kinder tranken
rösser soffen und blumen mochten

durst ist konservativ
öffentlich
und alt wie sandstein
unter toten algen und moosen

hei
wie das fortplätschert
fort fort fort

hinein aus rohren in beton
das wappen trocken

wir halten die ehre hoch
und grüßen den neuen trog

Egg

wir bleiben und sind
die nase im wind
die heimat im sog

der brunnen auf dem platz
der ein platz für den brunnen war
ist ein brunnen
der kein brunnen ist
und fehl am platz

und es plätschert fort

(in memoriam des alten egger dorfbrunnens, der im frühjahr 1989 aus unverständlichen gründen abgerissen wurde.)

Egg

# Johann Georg Schleh: Historische Relation

*Hohenems verstand sich besonders um 1600 selbstbewußt als Mittelpunkt Vorarlbergs, die Grafen von Ems pflegten die Hofhaltung von Renaissancefürsten. 1616 wurde die erste Buchdruckerei Vorarlbergs in Hohenems eingerichtet, noch im selben Jahr erschien die »Emser Chronik«, wie das Werk der Einfachheit halber auch genannt wird. Der Verfasser, der Hofbeamte Johann Georg Schleh, akzentuiert die Geschichte Vorarlbergs stets*

Bezau, Bezegg-Denkmal

*im Sinne seiner Auftraggeber, spricht niemals von »Vorarlberg«, stets von »Rhetia«. Der kurze Abschnitt über den Bregenzerwald ist frei von solcher Propaganda und berichtet über die »privilegierten und befreiten« Bewohner, die nur Steuern nach Feldkirch abzuliefern hätten, über die Hohe und Niedrige Gerichtsbarkeit aber selbst verfügten. In der Art eines germanischen »Thing« trafen sich die Landstände auf einer Lichtung oberhalb Bezaus, dem sogenannten Bezegg, um hier in einer Art Rathaus ihre »genossenschaftlichen« Versammlungen abzuhalten. Heute kündet nur mehr ein kleines Denkmal von der »freien Bauernrepublik« Bregenzerwald.*

Dieser Bregenzerwaldt, so seinen Namen von dem Wasser der Bregenz, so mitten durchs Landt laufft einpfacht [einfach], der hinder Bregenzerwaldt genandt, zwischen der Herrschafft Bregenz, der Graffschafft Embs [Hohenems], und dem Gericht Dornbüren gelegen, hat eigen Wappen, hat in sich 9 Pfarren, als zu hinderst anfengende: Die Aw [Au], etwan Jagenhausen [Schoppernau], Mellaw, Schnepfaw Bitzaw, Elenbogen Bezaw, Andelspuch, Egck unnd Schwarzenberg, welcher Pfarren Lehenschafft dem Abbt von Bregenz zugehörig, ein Wild gelendt [Gelände], jedoch von der viele deß Volcks wol gepflanzt, hat viel Vieh und Molcken, sonderlich erzeucht diß Landt vil Flachs, dahero nehrt es sich meisttheils mit die spinnen, darob sie den langen winter zubringen, heissen ihre Meidtlein und Junckfrawen irer Sprach nach Schmelgen, hat Schön, Starck und vil Volck, das rauch lebt unn gleichwol nit Arm ist, hat vil nutzliche Alpen, reich am Wildprät Hirschen, Gambsen, Orhanen [Auerhähne], Hasel- und Schneehünner: Diß Landt erkennt gleichwol dür ihr Obrigkeit die Herrschaft Veldtkirch, dahin sie die Steür und Faßnachthennen geben, sonst aber seind sie privilegiert und befreyt, das sie alle Hohe und Nidere Obrigkeit, wie auch alle Pan [Bann] und Bussen selbs haben, haben auch ein schöne Freyheit von Graff Rudolphen von Montfort, als er die Herrschaft Veldtkirch Herzog Lupolden [Leopold] von Oesterreich verkaufft Ann 1380.

Bezau

# Angelika Kaufmann: Brief an den Landamann Josef Anton Metzler

Schwarzenberg

*»Ich, Anna Maria Angelika Kauffmann, aus Schwarzenberg im Bregenzerwald, Konstanzer Diözese, durch Zufall in Chur in Graubünden geboren« – so beginnt das Testament einer der europaweit wichtigsten Vertreterinnen (Männer eingeschlossen) der klassizistischen Malerei. Kaufmanns Vater stammte aus Schwarzenberg, sie selbst hielt sich nur zweimal einige Wochen hier auf. Die »vielleicht kultivierteste Frau Europas« (Herder) lebte 15 Jahre lang in London, 25 Jahre in Rom – der Bregenzerwald blieb ihr dennoch zeitlebens Heimat. Die Briefe an die Vorarlberger Verwandtschaft gingen verloren, so zeugen nur noch die Schreiben an den Schwarzenberger Landamann von ihrer Verbundenheit mit dem »Vatterland«. Metzler, der örtliche Verwalter, kümmerte sich nach dem Tod des Vaters um dessen Nachlaß und betreute die finanziellen Zuwendungen der Künstlerin an ihre Verwandtschaft. Einige der unedierten Briefe liegen im Schwarzenberger Heimatmuseum. In der Kirche des Ortes kann man Fresken der »trefflichen, zarten, klugen, guten Frau« (Goethe) bewundern: Als 16jährige schuf Kaufmann hier die Apostelmedaillons. Später schenkte sie der Pfarre ein Madonnenbild, das den Hochaltar ziert.*

An den Hochgeehrten
Herrn Herrn Joseph
Antoni Metzler des
Raths am schwarzenberg

Rom den 14 May 1783

Hoch Geehrter Herr Vetter
und freünd;

Mit sehr großem vergnügen habe ich dero wertesten von 4 feb: erhalten sambt beiliegender accuraten Rechnung. Ich bin mit dem was sie under den meinigen aufgetheilet haben volkommen zufrieden. und mein vorhaben bedürftigen anverwanten zu helfen so viel mein weniges vermögen es zu läst sol unveränderlich bleiben. mein eigene umstände müßten nur auf eine gantz besondere art sich verändern um mich zu nöthigen von meinem vorhaben abzuweichen. Ich hoffe das gebett der frommen, und der waisen, wird von Gott Seegen erbitten, den ohne den seegen Gottes können wir nichts. Vetter Michel erinert mich das er ein buben habe der gerne ein Handtwerkh lernen möchte. Habe Ihm auch versbrochen darzu verhülflich zu sein, folglich wünsche ich dieses vorhaben in das werkh zu setzen, wen sie meinen das es sich am besten schikhen wirt. nur wünsche ich das man ein gutes Handtwerkh wehle wozu er lust und fähigkeit zeigt. möchte auch gerne wissen ob vetter Josen seeliger sohn sich wohl halt. was den Joseph Conrad Kauffman anbelangt, geben sie in meinem namen etwas nach gutdunkhen, Ich kan nichts vorschreiben, den seine umstände seind mir nicht bekant. Ich habe verwichnen tagen von baß Marien seeligen sohn in dem Veltlin auch ein Klagebrief Empfangen, er ist auch in der Nothdurft mit weib und zwei kinder, und fast beständig kränklich darzu. hofft auch von mir einige Hülfe. möchte auch Ihm wandmöglich was von dem zins etwas jährlich zu kommen lassen. weis aber nicht auf was art. Die saümer reisen glaube nicht mehr ins veltlin. weis nicht ob in Bregenz oder Lindau etwan Kauffleüte sind, durch welche man könte dan und wan etwas weniges besagtem vetter im veltlin zu kommen lassen. sorge nur das zinsgelt mag so vielen nicht langen, doch mus man es so gut wie möglich aus theilen und dann die es am meisten von nöthen haben zu erst helfen. Ich erwarte über obige nannten Ihre gütige antwort und Rath Gott lob ich finde mich in bester gesundheit so auch mein libster der sich Ihnen und den Ihrigen auf das Höflichste Empfählen thut – bitte auch von mir dero werteste frau libste tausend mahl zu grüßen. Ich versichere sie es gereicht mir jederzeit zur grösten freüde dero wohl sein zu vernehmen nur ist mir leid das ich Ihnen so auser ordentlich viel mühe und ungelegenheit verursache. Ich sorge recht sehr dero güte zu missbrauchen wünschte nur Ihnen auch in etwas dienen zu können, um nicht nur mit worten sondern im werkhe selbe meiner aufrichtigen dankhbarkeit überzeügen zu können. bethone sie mich doch ferners mit dero mir so schätzbaren freündschaft, in dem ich mit wahrer und unveränderlicher hochachtung zeit lebens sein werde meines in sonders hochgeehrten

Herrn Vetter und Freünd

schuldig ergebenste dienerin
freünd und baß
Angelica Kauffman Zucchi

bedaure sehr den verlust des Herrn landaman Aberer seelig, bitte alle freünde von mir zu grüßen.

## Natalie Beer: Als noch die Sonne schien

*Natalie Beer, unter ärmlichen Verhältnissen im Bregenzerwald aufgewachsen, begann ihre schriftstellerische Laufbahn als Lyrikerin. Während der Zeit des Nationalsozialismus wandte sie sich, nicht zuletzt durch die Lektüre der einschlägigen Romane Erwin Guido Kolbenheyers angeregt, der Prosa zu. Obwohl man nachträglich versuchte, solche Nahverhältnisse als bloße situative Auslegung zu verharmlosen, konnten auch ihre späteren Romane diese Prägung nicht gänzlich ablegen. Wenn die mittlerweile arrivierte Heimatschriftstellerin 1978 in »Als noch die Sonne schien« schreibt, der Vater habe »einen guten Kopf mit stark markierten Zügen, in deren Regelmäßigkeit die Nase einen kühnen, selbstherrlichen Schwung beschrieb«, so ist das die Physiognomik einer anderen Ära. Dieser »Roman meiner Jugend« ist als Erinnerungsbuch inhaltlich unpolitisch gehalten, die Beschreibungen der die Menschen prägenden Landschaft – wie der Abschnitt über den markantesten Berg des Bregenzerwaldes, die Kanisfluh – nehmen daher breiten Raum ein.*

Die Kanisfluh!

Wer sie nicht gesehen hat, kennt den Bregenzerwald nicht. Wuchtig und breit inmitten des Tales schiebt sie einen Querriegel vor, an dem Ache und Straße gerade noch vorbeikommen. An ihrem tausendmetrigen Steilabfall gegen das Dorf Schnepfau steigen sagenumwobene Zacken und Türmchen auf, und die hohen steilen Wände mit ihren Turmböden sind selten von eines Menschen Fuß betreten worden. Der große Felsenturm wird Hexenturm genannt, und einsame Wanderer haben dort oben des Nachts den Ausritt der Hexen wahrnehmen können. Andere nennen den Turm die Wirmsul nach der Sage, daß darunter der Riese Wirm begraben liegt, der die Kanisfluh erbaut habe, und an der großen Aufgabe, einen Berg zu errichten, verzweifelt sei. Die Riesen hätten dann den zu Tode Gestürzten auf dem Plateau begraben und die Steinsäule gesetzt, die immerdar seinen Ruhm bezeugen sollte.

Auf dem breiten Südrücken der Kanisfluh kann man Edelweiß im Weidegras finden, aber am Steilabhang lockt manche Blume zu waghalsigem Klettern. Von den Alpböden hallen die Hoi-hoi-Rufe der Hirten und besänftigen die leisen Schauer über die Hexensagen, wenn die sturmdrohenden Wolkenfetzen den Berg umwabern.

Kanisfluh

Die Bergsteiger nehmen den Südhang von Au aus. Viele Fremde, die den Sommer über das Tal besuchen, sind der Kanisfluh wegen gekommen. Die Bergmäher mit ihren eisenbeschlagenen Schuhen mähen das Edelweiß mit dem Alpengras rücksichtslos in das Winterheu für ihre Kühe. Die aber auf die großen weißen Sterne aus sind, wagen oft leichtsinnig ihr Leben. Immer wieder stürzt einer ab, wenn er sich unter den Felsgrat hinauswagt, und was die Hilfsmannschaften dann bergen, ist unkenntlich, in Stücke zerschmettert.

Viele unserer Kinderjahre waren von solch grauenhaften Geschehnissen betroffen. Wenn wir von einem Bergtod hörten, träumten wir wild, wähnten uns selber am Rande des Abgrunds und schrien im Fall. Die grausam zerschlagenen Toten standen auf, trugen ihre verstümmelten Glieder herbei und suchten sie wieder zusammenzufügen. Wir erfuhren, daß man die Toten in Linnlaken eingebunden zu Tal gebracht habe. – Sie lagen im Mesnerhaus aufgebahrt und warteten, bis Vater und Mutter oder Frau und Kinder aus der Ferne kämen, um ihnen noch einmal ins Gesicht zu sehen, das keines mehr war.

In den Nächten wurde dies alles in uns lebendig, wir schrien, und die Mutter kam und legte ihre verarbeiteten Hände auf unsere heißen Stirnen und ins wirre Haar. Wir hörten ihre nahe tröstende Stimme, die alles auszulöschen vermochte, was uns bedrängte. Beten müßten wir, dann wäre alles gut. Wir taten es auch und schliefen bald ein. Im Traum sahen wir dann den Verunglückten im weißen Gewand in himmlischer Verklärung auf uns herabschauen.

Von unserem Küchenfenster aus war der breite Südabhang der Kanisfluh zu sehen. Oft stand die Mutter am Fenster und sah in den Sonnenuntergang. Es war ihre Heimwehstunde, aber wir ahnten noch wenig von den Dingen, die hinter dem Sichtbaren lagen.

## Franz Michael Felder: Aus meinem Leben

*»Unser Franzmichl« – so wurde über die zentrale Figur der Vorarlberger Literatur in Briefen von Gönnern und Feunden oft geschrieben, und so liebevoll possessiv kann man auch heute noch über ihn reden hören. Sosehr dem Schriftsteller, Autodidakten, Bauern, kritischen Zeitgenossen und Sozialrevolutionär Franz Michael Felder (1839–1869) die größte Bedeutung bei der Ausprägung eines literarischen Selbstverständnisses des Landes beigemessen wird, so falsch wäre eine rein regionale Rezeption seines Werkes. Felder lebte im kleinen Schoppernau im hinteren Bregenzerwald, seinen Lebensunterhalt bestritt er nach dem frühen Tod des Vaters als Landwirt – aber er war nichts weniger als ein »Heimatschriftsteller«. So bleibt seine Autobiographie »Aus meinem Leben« niemals in der Schilderung persönlicher Lebensumstände stecken, sondern wird zu einem »Spiegel unserer Zustände«. Die mit der Hochzeit 1861 endende Autobiographie wurde zu einem Dokument der Selbsterziehung und des Räsonnierens über seine Umgebung. Als es ihm etwa in Briefen nicht gelang, einen guten Freund zur Rückkehr nach Schoppernau zu überreden, dachte er ihn vorerst auf »Abwegen«, wurde aber durch diese Betrachtungen zu einer genaueren Beobachtung der Bregenzerwälder geführt.*

Ich begann daher etwas bescheidener eine Abhandlung zu schreiben über die Frage: Warum kommt der Bregenzerwälder in der Welt draußen so leicht auf Abwege? Diese Arbeit, die recht gründlich werden sollte, regte mich zum Beobachten und zu lebhafterem Verkehr mit der Bevölkerung an. Ich versäumte kein Volksfest mitzumachen und, wenn es anderwärts nichts zu sehen gab, setzte ich mich ohne Bedenken in irgendeinem Wirtshause zu den Schnäpslern an den schlechtesten Tisch. Auf diese Weise lernte ich oft die talentvollsten Leute kennen. Erkundigte ich mich nach ihrer Vergangenheit, so erfuhr ich immer so ziemlich das nämliche. Sie waren Söhne wohlhabender Eltern gewesen oder hatten durch ihre Geschicklichkeit ungewöhnlich viel verdient. Nun aber gab ihnen ihr Talent und das, was sie hatten oder leicht erwarben, eine Sicherheit, die sich wenig um hergebrachte Formen oder alte Sitten und um die öffentliche Meinung kümmerte. Ihr Ehrgeiz konnte ihre Kraft nicht anders verbrauchen, als daß sie sich nicht auf den Leisten legen ließen, nach welchem man hierzulande alles schneiden und modeln will. Nun sahen sie sich plötzlich im Kampfe mit der ganzen Gesellschaft, alles trieb, neckte und hetzte sie und nur bei denen fanden sie – nicht Hilfe, sondern Beifall –, die ihr trauriges Schicksal schon früher ausgestanden hatten. Das war dann vollends ihr Untergang.

Hinterhopfreben. Hier hatten die Felders ihre Alm

Man tut und unterläßt hier fast alles des lieben Scheines wegen. Das Gewissen ist der Beifall des Vorstehers und der Zorn des Pfarrers. Wer davon nicht bestimmt wird, steht ohne sittlichen Halt. So geschoben und gezogen, bewegt man sich auf der breiten Straße des Gewöhnlichen und braucht darum fast mehr Kraft, auszuarten, als nach den Vorschriften der öffentlichen Meinung zu leben, die besonders gegen Reiche und Erwerbsfähige in vielen Stücken unglaublich nachsichtig ist. Das alles wurde mir nach und nach ganz klar, und nun begriff ich auch, wie wenig meine Heimat ihren Söhnen in die Fremde mitgeben kann und wie haltlos sie in der Stunde der Versuchung dastehen, wo sie unbeachtet und von der öffentlichen Meinung nicht mehr bewacht sind.

Das alles kam nun mit vielen Beispielen in meine Abhandlung, die so über den anfänglichen Plan hinauswuchs, daß sie gar nicht fertig wurde. Ich sah nämlich, wie tief die gestellte Frage in das gesellschaftliche und religiöse Leben eingriff, und verlor mich mehr und mehr ins einzelne. Ein großer Gewinn von dieser Arbeit aber blieb, daß sie mich zum Studium heimatlicher Zustände anregte. Ein anderer Vorteil war die Erkenntnis, daß der Mensch verliert, wenn er sich im Reden und Tun Formen anbequemt, welche nicht seiner Eigenart entwachsen sind. Der Mensch sollte die eigenen Fähigkeiten pflegen, statt sich fremden Mustern anzubequemen, denn es bleibt noch immer genug, wozu er sich Zwang antun muß. Auch der Einfachste gefällt, wenn er sich seinem Wesen gemäß gibt, und da er seine beste Kraft nicht verbraucht, ein schlechtes Schattenbild zu sein, kann er in irgendeiner Weise bedeutend werden.

Je mehr ich über meine Landsleute sann und schrieb, desto angenehmer ward mir das Leben unter ihnen. Auch wenn ich Widerwärtiges von ihnen erfuhr, ward es mir in der Regel viel mehr zum interessanten Denkstoff als zur Qual. Ich stellte mich mit Behagen auf fremde Standpunkte und lachte dann herzlich über mich selbst, wenn wieder etwas, das eigentlich nur vor lauter Kleinheit spitzig war, ein Löchlein in meinen Geduldsack machen wollte. Vielleicht konnten sich Kleinigkeiten darum so tief in mich einbohren, weil ich mir's auf meinem stillen, einsamen Lebensweg angewöhnt hatte, auch das Unbedeutendste wichtig zu behandeln und so lange daran herumzutragen, bis ich müde war und sie mir recht schwer vorkamen. So erklärte ich mir's wenigstens in meinem Tagebuch, wenn ich wieder einmal ruhig über mich selbst urteilen wollte. Das geschah auch viel häufiger, als man es einem neunzehnjährigen Bauern zumuten würde. Ich suchte mir über alles Rechenschaft zu geben und arbeitete mit heiligem Ernste an meiner Selbsterziehung. Daß das dann zuweilen auch in müßige Selbstbespiegelung ausartete, läßt sich denken, aber ebenso klar ist, daß es mir im Grunde doch ernst mit der Sache war, sonst würde ich die Kraft nicht gefunden haben, hier unbeirrt von allen meinen Wegen zu gehen.

## Ludwig Steub: Streifzüge durch Vorarlberg

*Die Vorliebe des bayerischen Reiseschriftstellers Ludwig Steub für Westösterreich war seit seinem Erfolgsbuch »Drei Sommer in Tirol« (1846) bekannt. Da er Ahnen im Montafon hatte, brachte er dem westlichsten Bundesland besonders großes Interesse entgegen. In seinen »Streifzügen durch Vorarlberg« betritt er Vorarlberg durch die Hintertür, nämlich, vom Tiroler Lechtal kommend, bei der Ortschaft Warth. Um hier weiter ins Land vorzudringen, muß zuerst der Hochtannbergpaß überwunden werden. Nicht weit von diesem Übergang liegt der kleine Ort Hochkrumbach, zu Zeiten Steubs trotz des hier 7 bis 8 Monate dauernden Winters noch ganzjährig bewohnt. Der kurze Besuch des Autors läßt die Härte des Lebens in der – wie der Kreishauptmann 1841 feststellen mußte – »kleinsten und ärmsten Gemeinde des Landes« erahnen.*

Hochkrumbach. Hier sind zwölf Hütten, nahe beieinander aufgeschlagen, wohl bei sechshalbtausend Fuß (1641 m) über dem Meer. Das Dörfchen steht noch ein gutes Stück über den letzten Fichten. Zurzeit wenigstens muß der Feuerungsbedarf anderthalb Stunden weit heraufgeschleppt werden, und deswegen heißt die kleine Niederlassung auch zum Unterschied von andern gleichen Namens Krumbach ob Holz. Sie liegt in einem rinnenförmigen Hochtale, dessen beide Kanten lange Wände verwitterter Felsenhäupter bilden. Auf diesen hält sich den ganzen Sommer über Schnee, der in langen glänzenden Wasserfäden sich löst; sie scheinen gleich zur Seite zu stehen, nicht hoch und durch die Schrunden nicht beschwerlich zu erklimmen. Was sie draußen im Flachland für unersteigliche Jöcher in der Kette der Alpen anschauen, das sind hier nur die nächsten Dorfhügel, auf welche die Hochkrumbacher Jugend zur Abendzeit hinaufklettert, um die Sonne untergehen zu sehen. Der Bergstock, welcher zur rechten Hand sich erhebt, ist der Widderstein. Seine höchste Spitze hat eine Höhe von 8000 Fuß (2536 m) und eine Aussicht, die bis München reicht. Vor nicht langer Zeit sah man noch auf dieser Kuppe, wie glaubwürdige Augenzeugen versichern, einen zugehauenen Balken von beträchtlicher Größe. Wie er so hoch hinauf gekommen, wußte niemand zu erklären, und die Volksmeinung hielt ihn daher für ein Stück von der Arche Noa. Den zu derselben gehörigen eisernen Anker will man auf einem Berge bei Telfs im Oberinntale gefunden haben.

Ein Wirtshaus ist in Hochkrumbach nicht zu erfragen, aber die gastfreundliche Aufnahme in den Hütten entschädigt für den Mangel. Die Einwohner leben fast allein von Milch, Butter, Käse, Schotten und schwarzem Brote; darnach ist auch die Bewirtung. In dem Häuschen, wo ich zusprach, waltete ein Mädchen von Mittelberg, das jenseits des Widdersteins tief unten im Tale liegt – eine Walserin, aus demselben merkwürdigen Stamme, der sich ferner Abkunft aus dem Wallis rühmt. Sie erschien in jener selt-

Gegend bei Hochkrumbach

samen Kleidung, die ich später zu Damüls wieder sehen sollte, nur daß die Walserinnen von Mittelberg schwarze Röcke tragen und jene im inneren Walsertal rote. »Ich bin eine Walserin«, sagte die Sennmaid schon im allerersten Stadium unsers Gesprächs mit Selbstgefühl, gleich als sollte dies eine Warnung sein, daß ich sie nicht in eine Reihe mit den anderen Jungfrauen des Alpendörfchens setze, unter welche sie nur gekommen war, um die Sommerfrische zuzubringen. Alles, was sie aufzubieten hatte aus den Erträgnissen ihrer Sennerei, war gut geraten, insbesondere das Schottengsig, ein gelbbrauner, fester Einsud der Molken von süßem, scharfem Geschmacke. – Außen war die Küche mit dem großen Herde, der, aus mächtigen Felsblöcken erbaut, den schwarzen Käsekessel über sich hängen hatte. Innen war eine lieblich geheizte Stube, und als ich noch weiter vordrang, geriet ich in ein enges Nebenkämmerlein, worin ich ein paar Schulbänke und eine große schwarze Schreibtafel gewahrte. Hier ist die Wiege der literarischen Bildung des Alpendorfes, denn hier wird im Winter Schule gehalten. Für die religiöse Erziehung sorgt der Kurat, und der Gottesdienst ist in einer Kapelle auf einem freien nahestehenden Hügel, so ausgewählt in ihrer Lage, damit ihr im Winter die Lawinen nichts anhaben können. Aber dennoch wirft es oft den Schnee in so überlegener Fülle, daß die Bewohner der nächsten Hütten einen Tag zu arbeiten haben, um den Laufgraben in die Kirche zu eröffnen.

Die rotbackige Walserin war übrigens mehr ernst als gesprächig. Ihr Auftreten hatte wegen der klappernden Holzschuhe, die sie trug, eine geräuschvolle Feierlichkeit. Für arkadisches Sommerleben schien sie vielen Sinn zu hegen – »im Sommer ist's so lustig auf der Alm« – dagegen wollte sie die Eingebornen von Hochkrumbach keineswegs beneiden, daß sie da oben bleiben müßten, um den langen Winter zu vertrauern, wenn sie im Herbste hinabzog zu den warmen Kunkelstuben am Mittelberg.

# Michael Köhlmeier: Die Leute von Lech

*Lech ist der nobelste und prominenteste Wintersportort Österreichs. Dieses Bild einer mondänen Tourismuswelt veranlaßte den Schriftsteller Michael Köhlmeier, hinter die Kulissen zu blicken, einmal nicht die High-Society, sondern die Bewohner des »Weltdorfs« Lech in den Mittelpunkt zu stellen. In einem literarisierten Interviewstil portraitiert Köhlmeier Charaktere wie den berühmten Ex-Sportler, die Schweinehirtin oder den Schilehrer. Als letzter der »Leute von Lech« kommt ein »Fremder« zu Wort, der auf seine spezielle Art vom Fremdenverkehr lebt.*

Übertreiben soll man es nicht. Ich bin erstens konservativ und zweitens katholisch. Ich beichte regelmäßig meinen Beruf. Natürlich nicht hier in Lech. Ich würde den Geistlichen belasten, und das will ich nicht. Er ist nicht von hier und darum womöglich noch mehr Lokalpatriot als die Lecher selbst. Wenn ich auf Urlaub bin, bei meiner Schwester in Bochum oder in Berlin bei einem Freund oder in München, dann beichte ich, dann packt

Lech

mich regelmäßig ganz spontan der Entschluß, meinen Beruf zu beichten. Also, damit es heraus ist: Ich bin Taschendieb. Was natürlich nicht heißt, daß ich nicht auch sonst nehme, was ich kriege. Ich meine, ich greife nicht nur in Taschen. Überhaupt, Ta-

Lech mit Omeshorn

schendieb ist ein romantischer Begriff. Der stammt aus einer Zeit, als es noch Menschen gab, die all das Ihre bei sich trugen. Ich verbringe die Wintermonate in verschiedenen Urlaubsorten in den Alpen – so kann man es ausdrücken. War aber auch schon in Andorra und auf Mallorca. Seit gut achtzehn Jahren bin ich als Taschendieb tätig. In Lech arbeite ich seit fünfzehn Jahren. Bis auf die Winter '86 und '87 war ich jedes Jahr hier. Eben '86 war ich in Andorra und '87 auf Mallorca. Jedesmal bin ich so ungefähr drei bis vier Wochen hier. Ich wohne immer im Mittelfeinen. Dreistern genügt mir völlig. Hier gibt es drei Fünfsterne-Hotels. Will ich gar nicht. Was soll dort anders sein? Ich besuche die Fünfsterne-Hotels. Das schon. Rein beruflich. Da kommt man nicht daran vorbei. Ich trinke dort meinen Tee, mache meinen Zug und gehe wieder. Um in solchen Häusern voll tätig zu sein, müßte man ein größeres Kaliber sein, als ich eines bin. Man müßte es übertreiben. Und mein Wahlspruch ist eben: Übertreiben soll man es nicht.

Nein, daß Sie mich beobachtet haben, gibt mir nicht zu denken. Mit solchen Zufällen muß ich rechnen. Überlegen Sie doch: Ganz ehrlich, Sie haben doch nach so etwas gesucht. Ein Reporter sucht immer das Ausgefallene. Und zweitens war es ein Zufall, daß Sie mich beobachtet haben. Und wenn mich sonst jemand beobachtet – mein Gott, was soll's! Ich als gebürtiger Rheinländer nehme alles etwas leichter. Folgende Rechnung: Die meisten Leute sind fremd hier. Wenn man irgendwo fremd ist, mischt man sich nicht gern ein. Das heißt, auch wenn mich jemand bei der Arbeit beobachtet, wird er sich mit größter Wahrscheinlichkeit nicht darum scheren. Und ein Einheimischer schon gar nicht. Man will doch hier keinen Aufruhr. Außerdem würde mich niemand je wiedererkennen. Auch Sie nicht. Wenn ich mit Ihnen jetzt zwei Stunden rede und Sie mich die ganze Zeit anschauen, morgen werden Sie trotzdem vergessen haben, wie ich aussehe. Das hat der liebe Gott so eingerichtet mit meinem Gesicht. Das ist sein Geschenk. Und er will nur eines als Gegenleistung: nämlich, daß ich es nicht übertreibe. Das heißt, ich soll keinem so sehr schaden, daß damit seine Existenz ruiniert wird.

Ich wohne immer in den gleichen vier, fünf Pensionen. Jedesmal begrüßt man mich als neuen Gast. Niemand hat sich je an mich erinnert. Ich logiere natürlich immer unter anderen Namen. Und ich kenne sie alle. Morgen treffe ich Sie auf der Straße und frage Sie nach der Uhrzeit. Und Sie blicken mich an, und ich blicke Sie an. Und Sie kennen mich nicht, aber ich kenne Sie. Viele Lecher kenne ich. Sie arbeiten wie Tiere. Das sagt man hier. Man sagt: Ich schaffe wie ein Tier. So eine unmögliche Ausdrucksweise! Alles mögliche tun Tiere, aber sich nicht schaffen. Oder diese andere Frau, die ein Zimmermädchen war und dann ein Verhältnis angefangen hat mit dem Wirt, ihrem Chef. Ich habe die Geschichte über die Jahre ja mitbekommen. Wie das Dienstmädchen gelitten hat! Und dann starb die Frau von dem Wirt und hinterließ drei kleine Kinder. Und da dauerte das Verhältnis mit dem Dienstmädchen schon drei Jahre. Und nach dem Tod der Wirtin zog sie die Kinder groß. Wer denn sonst! Wer zieht hier die Kinder groß? Ja, das fragt man sich manchmal. Die Gäste vielleicht. Und jede Nacht lag sie beim Wirt im Bett, und immer bat sie ihn, er solle sie doch heiraten, jeder im Dorf wisse, daß sie ein Verhältnis haben, und niemand habe etwas dagegen. Aber der Wirt sollte nicht. Ich weiß ihren Namen. Ihren Familiennamen, meine ich. Ich habe ihn von ihr selbst erfahren. Sie hat mir einmal ihr Herz ausgeschüttet. Ich sehe aus wie der Fremde schlechthin. Wer mich anschaut, denkt sich, den werde ich nie wieder sehen. Und das weckt seltsamerweise Vertrauen. Sie hat mir die ganze Geschichte erzählt, und ich habe geweint. Wir saßen im Büro. Sie erledigt ja auch die Buchhaltung. Die Gäste, die bereits am Morgen ihr Zimmer geräumt haben, weil sie am Nachmittag abfahren, die stellen ihre Sachen am Tag im Büro ab. Und während mir die Frau erzählt hat, mußte sie immer wieder hinaus und sich um irgend etwas kümmern. Da habe ich mich dann bedienen können. Jedenfalls hat sie mir ihren Namen gesagt. Ihren vollen Namen. Der Wirt spricht sie nur mit dem Vornamen an, und auch die Gäste sprechen sie nur mit dem Vornamen an. Und auch die Kinder sprechen sie nur mit dem Vornamen an. Dann kam ich später einmal ins Haus und fragte den Wirt, wo denn Frau Sowieso sei, und er wußte nicht, wen ich meinte, und sagte, nein, hier wohnt keine Frau Sowieso. Er hat ihren Namen vergessen! Und das soll nicht schlimmer sein als Taschendiebstahl? Ich habe ihre Gäste bestohlen, das gebe ich zu. Ich weiß auch, daß ich mir ein paar Jahrhunderte Fegefeuer dafür einhandle. Aber er, der Wirt, der hat ihr, seiner Geliebten, den Namen gestohlen. Und er fürchtet nicht die Rache des Herrn – geschwollen ausgedrückt.

Daß bei all diesen Bergen so wenig Religion übriggeblieben ist, das wundert mich. In Frankfurt oder in Berlin oder in Bochum, wo meine Schwester wohnt, ja, da ist das verständlich, daß keiner mehr an den lieben Gott glaubt. Da drehst du dich im Kreis, und alles, was du siehst, hat sich der Mensch selber gemacht, und wenn es anfängt zu regnen, schauen die Leute zum Himmel hinauf und denken, wo ist denn da die Besprenkelungsanlage. Aber hier, mitten in den gottgewollten Bergen! Keine Religion! Oder kaum ... Da muß ein Sünder wie ich kommen und gegen die Sünde predigen.

## Ludwig von Hörmann: Wanderungen durch Tirol und Vorarlberg

*Das Kleine Walsertal ist ein Vorarlberger Kuriosum: Obgleich zu Österreich gehörend, ist es mit dem Fahrzeug nur von Deutschland aus erreichbar; bereits 1891 erfolgte der Anschluß an den deutschen Zollverband, seit damals gilt die D-Mark als Zahlungsmittel. Es verwundert nicht, daß ein Reiseführer 1988 meinte, das Tal trage »augenfällig mehr einen deutschen als einen österreichischen Charakter«. Ludwig von Hörmann, gemeinsam mit Steub zu den »wandernden Feuilletonisten und ethnographischen Meistererzählern« (Tschofen) dieses Raumes zählend, entscheidet sich auf seinen »Wanderungen in Vorarlberg« (1895) erst im Wirtshaus von Sibratsgfäll, das Kleine Walsertal aufzusuchen. Auch auf diesem Weg über den Hörnlepaß ist das Tal nur durch eine Bergwanderung erreichbar. Für Hörmann hatte diese Variante einen Vorteil: Da der Weg einige Kilometer über deutsches Gebiet führt, kam er in den Genuß von bayerischem Bier, das er dem einheimischen vorzog.*

Hirschegg, Kleines Walsertal (mit Blick auf Riezlern)

»Wohin geht der Weg?« frug ich den zunächst Sitzenden. – »Nach Riezlern!« war die Antwort. – »Da gehen Sie also durch das Rohrmoos.« – Nein, wir gehen über das ›Hörnle‹, da ist es näher.« – »Und wann kommen Sie nach Riezlern?« – »Um sechs Uhr sind wir dort.« – Das kam mir sehr gelegen, und ich beschloß mich ihnen anzuschließen. Wie ich aus dem kleinen Walserthal an einem Tage dann wieder nach Innsbruck kommen sollte, das überließ ich den Göttern, die mich in solchen Lagen noch nie im Stich gelassen. Zugleich konnte ich diese Beiden als Führer und Träger benützen.

Nach einer halben Stunde Rast brachen wir auf. Der eine steckte meinen Überzieher in den Ruckkorb, der andere nahm mein Täschchen und den Schattenspender. Die Regenschirme, die sie bei sich hatten, trugen sie quer über ihre Kraxen gebunden.

Nach beiläufig einer Stunde standen wir auf dem Hörnle-Übergang und sahen den äußeren Theil des kleinen Walserthales im Abendsonnenschein vor uns liegen. In der Ferne blinkte das »Walserschänzle«, die fröhliche, nun dem Bacchus geweihte Erinnerungsstätte an die einstige Thalsperre gegen die Schweden. Es ist zugleich Grenze von Mittelberg. Munter ging es nun die noch immer sumpfigen Wiesen hinab, über die unzählige Zeitlosen ausgestreut waren. Nach Riezlern, dem nächsten Ort im Mittelberger Thale, sind noch anderthalb Stunden. Man erblickt es erst, wenn man die blau-weißen Grenzpfähle hinter sich hat, bei einer kleinen Kapelle. Es liegt über einem tiefen Tobel, durch den sich der Bach seinen Weg gefressen hat.

Je mehr man gegen Südosten ins Thal einbiegt, desto großartiger wird die Schau. Der Schafalpenkopf, das Gaishorn, der gewaltige Widderstein, der hohe Isen tauchen der Reihe nach auf, die ernste Riesenwächtergarde dieses Alpenkleinods. Da es schon dämmerte und ich um jeden Preis noch nach Mittelberg, dem Hauptorte des kleinen Walserthales, wollte, so stieg ich auf Rath meiner beiden Begleiter, die in Riezlern blieben, nicht zu besagtem Orte hinauf, sondern wanderte am linken Ufer der Breitach

Mittelberg, Kleines Walsertal

zuerst Hirschegg zu. Die Kirche, die vorgeschoben auf einer kleinen Anhöhe steht, diente mir als Wegweiser. Der Gang dahin ist wunderschön. Er führt an schlichten Blockhäusern vorbei, die über grünen Matten und Hügelreihen an der Thalflanke zerstreut liegen. Überall auf den Wiesen bimmelndes Weidevieh, der Jubel spielender Kinder, das Knallen und Jodeln der Hirtenbuben. Die Gegend trägt ganz alpinen Charakter, lieblich und großartig zugleich.

Hinter der Kirche, von deren Umfassungsmauer man einen herrlichen Rückblick thalauswärts auf Riezlern und das ganze Mittelberger Gebiet genießt, kommt die steil ansteigende Fahrstraße herauf. An ihr steht das stattliche Gasthaus zum »Löwen«. Obwohl ich hier in jeder Hinsicht gut aufgehoben gewesen wäre, so eilte ich doch in tiefer Dämmerung dem noch eine halbe Stunde entfernten Mittelberg zu, wo ich beim »Widderstein« Abstieg nahm. Ich war nicht wenig erstaunt, daselbst um diese Jahreszeit noch »Sommerfrischler« anzutreffen. Leider zwang mich Müdigkeit, diese lebenslustige Gesellschaft bald zu verlassen und mein Lager aufzusuchen, um einen langen, langen Schlaf zu thun.

Am nächsten Morgen waren die Berge weit herab überzuckert. Wie ich trotzdem abends nach 6 Uhr in Langen den Innsbrucker Zug besteigen konnte, Auge und Seele voll von Landschaftsbildern edelster Qualität, das mag Dir der Meßnersohn von Mittelberg erzählen, der mir bei meinem zwar langen, aber durchaus nicht beschwerlichen Heimmarsch über das schneeumstöberte Gentscheljoch, beziehungsweise über die »Scharte« nach Hirschgeren, Warth, Lech, Zürcheralpe, Flexenpaß, Stuben, Langen ein Stück weit das Geleit gab.

# IV. Walgau, Großes Walsertal, Montafon

Silvretta-Hochalpenstraße

## Regina Lampert: Die Schwabengängerin

*Jener Teil der Vorarlberger Bevölkerung, der weder in der Textilindustrie noch in der Landwirtschaft einen bleibenden Arbeitsplatz fand, war im 19. Jahrhundert massiv von der Armut bedroht. Ähnlich wie in Tirol und dem schweizerischen Graubünden waren kinderreiche Familien daher oft gezwungen, den Nachwuchs auf Saisonarbeit zu schicken. Die meisten dieser Kinder verdingten sich von März bis Oktober als Viehhüter im benachbarten Oberschwaben. Die 1854 im Walgauer Dorf Schnifis geborene Regina Lampert war ein solches »Schwabenkind«. Der Walgau ist eine liebliche Landschaft, aber wie man Lamperts 1929 begonnenen, nicht für eine Veröffentlichung vorgesehenen Aufzeichnungen eindrücklich entnehmen kann, war es der Familie nicht vergönnt, die Schönheiten der Gegend zu genießen: »Wir Kinder mußten jede Freizeit nach der Schule helfen.« In ihrer umgangssprachlichen und grammatikalisch eigenwilligen Prosa schildert sie den Aufbruch in die erste Saisonarbeit als etwas Unspektakuläres, große Gefühlsregungen waren nicht angebracht.*

Nach diesem Sonntag wird oft von den Eltern unterhandelt, wer dieses Frühjahr ins Schwabenland müsse von uns Kindern als Hirtenkinder. Wir lauschten oft heimlich. Die Mutter meint: »Die Regina schicke ich nicht gern mit; der Vorsteher vom Dorf hat mich schon lang gefragt, ob die Regina über den Sommer seine zwei Küh, die er nicht auf die Alp bringen könne, hüten werde.« Der Vater meint, da käme ja nur Anton ins Schwabenland, die drei ältern Brüder, Jakob, Baptist und Andreas wollen dieses Frühjahr in die Schweiz, das Maurerhandwerk erlernen. Einige Tage vergingen wieder. Bald hätten wir vergessen, der Tone und ich, was der Vater und die Mutter gesprochen haben.

Anfangs März fragte der Herr Pfarrer in der Schule beim Religionsunterricht die Kinder, die dieses Frühjahr als Hirtenkinder ins Schwabenland müssen, sollen die Hände hochhalten. Ich schaute auf die Bubenseite zum Anton hinüber; er winkte mir zu, ich soll die Hand aufheben; ich folgte ihm zu seiner Freude, denn er bettelte immer an mir, »komm doch mit mir ins Schwabenland, daß wir doch jeden Sonntag zusammen sein können«. Der Herr Pfarrer zählte die Hirtenkinder und sagte: »Es sind elf, sechs Kinder müssen die erste heilige Kommunion machen und fünf die erste heilige Beicht tun.« Dann mußten wir jeden Tag extra eine Stunde in den Religionsunterricht. Nach der Schule sprangen wir wie immer heim, mein Bruder voran. Die Mutter stand gerade auf der Stiege: »Mutter, Mutter, der Pfarrer hat gefragt, wer ins Schwabenland müsse. Da haben wir beide die Hand aufgehoben.« »Ja, Du auch, Regina?« »Ja, Mutter, der Tone bettelt so, daß ich mitkomme.« Ich sah die Tränen der Mutter in den Augen. Sie konnte nicht mehr sprechen, ging ins Haus in die Küche und holte für uns zu Breand Kaffee [und] Brot. Von da an war Mutter immer traurig, es tat ihr weh, uns fortzugeben. Beim Nachtessen sagt der Vater: »Die Regina ist noch zu jung, bekomm ich kein Plätzchen für sie, so nimm ich sie halt wieder heim.«

Die Mutter und das Amreile hatten alle Hände voll zu tun; aus dem selbstgesponnenen und selbstgewobenen Tuch müssen noch für die Brüder und für uns Hemden gemacht und aus dunkelblau gefärbtem Tuch Arbeitshosen und alles mögliche gemacht werden. Zwar hat das Amreile schon lang vorher für die großen Brü-

Schnifis

der Hemden und Strümpfe gemacht, sie war der Mutter beste Stütze. Das jüngste Schwesterle, das kleine Veronikele war drei Jahre alt, mit schönem ganz weißem Lockenhaar, plauderte der Mutter und dem Amreile immer vor: »I blib bi Dir, Muetterli, und bi Dir, Amreili. Gelt, wir gon nie furt?« Von da ab wird mir berichtet vom Schwabenland, ich stellte es mir natürlich so schön vor, daß mich niemand davon abhalten konnte nicht mitzugehen. Auch beim Zehrpfennigsammeln habe ich mitgeholfen. Es war erlaubt, daß die Kinder, die ins Schwabenland müssen, in den Nachbarsgemeinden Geld sammeln dürfen für die Reise, damit die Kinder nicht den ganzen langen Weg zu Fuß machen müssen. Auch da hab ich immer am meisten bekommen, weil ich das jüngste von den Schwabenkindern war. Heimlich hat es mich dann doch oft gereut, daß ich gesagt habe, ich wollte auch mit, hab manche Träne nachts im Bett vergossen und hatte zum voraus schon Heimweh. Wenn aber die Mutter und Schwester mich fragen, ob ich nicht lieber daheim bleiben und hier im Dorf das Vieh hüten wolle, dann sagte ich immer: »Ich gehe gern ins Schwabenland.«

Endlich rückt der Tag heran zu reisen; zwei Tage vor der Abreise mußten wir zur Beicht und zur heiligen Kommunion, ich nur zur Beicht. Am 17. März, zwei Tag vor Josefsfest, mußten wir reisen, morgens früh vier Uhr, um sechs Uhr ist Abmarsch. Das Frühstück ging ganz still zu, es hat ein jedes für sich zu denken, auch hat uns die Mutter zum Abschied Kuchen gebacken, der uns besonders gut dünkt. Während dem Essen wurde uns noch ans Herz gelegt, daß wir doch recht brav, gehorsam und fleißig sein sollen; morgens und abends beten sollen zum lieben Heiland und der Muttergottes. Mir hat die Mutter noch extra ans Herz gelegt, wenn mir etwas Böses zustoße, sofort an die Muttergottes denken und sie um Schutz und Hilfe bitten. Auch die Großmutter, wie wir sie nannten, die Ahna und d'Ähne sind aufgestanden, um uns Adie und einige gute Worte uns zu sagen. Dann kam der Abschied von al den Lieben, Mutter, Schwestern und Ahna und Ähne, Großeltern. Die Tränen haben wir tapfer hinunter gewürgt. »Adiö, lebt wohl, bleibt gesund und recht viel Glück [und] Segen!« Dann beteten wir noch alle zusammen ein Vaterunser, und fort ging es.

## Grete Gulbransson:
## Geliebte Schatten

Im Walgau

*Der Klappentext einer Neuausgabe vermerkt zum kurz nach dem Tod Grete Gulbranssons 1934 erstmals erschienenen Erinnerungsbuch: Es »wirkt wie ein romantischer Roman, obwohl es im Grunde ein ganz wahrer Lebenslauf ist«. »Geliebte Schatten« bezieht einen Gutteil seiner »Romantik« aus der Lebensgeschichte der Mutter: Diese, eine geborene Freiin von Poellnit, war in erster Ehe mit Sholto Douglas verheiratet, dem Sproß einer schottischen Industriellenfamilie, die im Dorf Thüringen 1837 eine Textilfabrik gründete. Sholto, ein passionierter Bergsteiger, verunglückte 1874 bei der Gamsjagd. Die »Rose vom Walgau«, wie ihr Verehrer Ludwig Steub sie nannte, verlor dadurch jedoch nicht ihre Lebenslust und heiratete gegen den Willen ihrer Familie Jakob Jehly, einen Bludenzer Landschaftsmaler. Für die kleine Margarete, die dieser Ehe entstammte, war der Familiensitz der Douglas, die Villa »Falkenhorst«, ein magischer, geschichtsträchtiger Ort, den sie in »Geliebte Schatten« heraufbeschwört. Gulbranssons Halbbruder, der Reiseschriftsteller Norman Douglas, setzte »Falkenhorst« in seinem Roman »Wieder im Walgau« ein weiteres literarisches Denkmal. Das Haus oberhalb Thüringens ist heute ein öffentliches Kulturzentrum.*

In ihrer ersten Ehe war Vanda mit einem Mann vermählt, an dem sonderbarerweise ebenfalls das Land Vorarlberg seine besitzergreifende Macht kundgetan hatte. Auch er war in Schottland von schottischen Eltern geboren und wurde doch das echteste Landeskind Vorarlbergs, ja ein wahrer Sohn der Berge.

Sein Vater, John Douglas of Tilquhillie, ein Magnat des alten Schottland, besuchte in den dreißiger Jahren auf seiner Reise durch Österreich auch die entlegensten Winkel des Kronlandes Vorarlberg. Er war, wie viele seiner Standesgenossen, vom Unternehmungsfieber gepackt. Dort, in dem Dorfe Thüringen, beim Eingang des Großen Walsertals, verlockte ihn die ungewöhnliche Wasserkraft des Bergbächleins Monjola, eine der ersten Baumwollspinnereien des Landes zu gründen. Dem Ort, der ihm mit seinem günstig gelegenen Wasserfall die willkommene Gelegenheit bot, zeigte er sich sehr gewogen und baute dort alsbald für sich und seine Familie ein zweites Heim, auf ähnlich großem Fuße wie sein schottisches.

O unvergeßliches Haus am Hügelrand, über dem grauen Dächergewirr des bäuerlichen Dorfes!

Eines jener schlichten Rechtecke der Biedermeierzeit, die in der Landschaft so behaglich den ersten Morgen- und den letzten Abendstrahl mit ihren breiten weißen Mauern auffangen.

So grüßte es nun mit einemmal in dieser Weltabgeschiedenheit vom Berghang herunter, auf dem die uralten Tannen mit ihren weitausgebreiteten Ästen und die verknorzten Bergeichen und Haselnußbüsche sich allmählich in Parkbäume verwandeln mußten, auf englischem untadelhaft nach gärtnerischer Wissenschaft gepflegtem Samtrasen.

Die Walgauer Bergwiesen eigneten sich wohl dafür, denn ihr Fell ist ja sprödes, kurzes Moos.

Es entstand eine Terrasse, über dem Tale schwebend, mit einer Aussicht vom Zackenstock des Rhätikons über Gamp, Exkopf und die Gurtisspitze bis fernhin zu den Felsenwänden der Säntisgruppe; und diese Bergterrasse baute sich auf aus Zierbeeten in abgezirkelten Mustern, von Buchsrändern eingefaßt und mit nie gesehenen merkwürdigen Blumen gefüllt. Ihr kühler fremdländischer Duft mischte sich mit dem Geruch des Thymians, der zur Sommerszeit der Atem jener Hügelwiesen ist. Und doch war dies Haus alsbald, als hätt' es immer da gestanden.

Man gab ihm den Namen Falkenhorst, weil hoch über ihm mit wildem Schrei die Falken und Häher kreisten. In seinen schönen Räumen begann nunmehr ein angenehmes Wohlleben und Weiterleben der alten Tradition Großbritanniens, die schon seit Hunderten von Jahren Behagen, Genuß und Grazie mit der Alltäglichkeit verband. John Douglas of Tilquhillie kam es nicht darauf an, ob er dies energisch genußreiche, gut geregelte Leben nun zwischen den Erikahügeln der schottischen Heimat, mit der er ja auch in immerwährender Verbindung war, oder unter dem gipfelklaren Wellenzug der Thüringer Berge führte, ob sein silberbeschlagener Wagen stundenlang durch den eigenen ererbten Landbesitz dort drüben rollte oder auf den Bergwegen des Walgaues, aus dem er neue Mittel für sein Herrenleben auf eine neue und einträgliche Weise schöpfte, denn er trug auf geheimnisvolle Weise die ihm zusagenden Lebensbedingungen an jeden Ort seines Verweilens.

Sein Sohn Sholto, das älteste seiner drei Kinder, war zu jener Zeit schon ein junger Mann, der die Einflüsse dieser großen, damals noch fast unberührten Alpennatur freudig auf sich einwirken ließ.

Die Berge vor allem waren es, denen er bald verfallen war, die ihn an sich rissen, und die er verstand wie nichts zuvor, über die er alles andere vergaß, denen er sich hingab in hell erwachter Leidenschaft, und denen er schließlich auch sein Leben selbst opferte.

## Inge Dapunt: Tschengla und Tschalenga

*Tschengla und Tschalenga sind zwei Flurnamen bei Bludenz, eine Erhebung und ein Graben Richtung Brandnertal. Inge Dapunt spielt in ihrer 1974 veröffentlichten Gedichtsammlung im »Bludazr Dialäkt«, »Vom Schtädtle und vom Ländle«, mit dem zungenbrecherischen Gleichklang der beiden Namen und lotet zugleich die »präpositionalen« Möglichkeiten der alemannischen Mundart, des Oberländer Dialekts aus. Mit den Minimalunterschieden und seinem repetitiven Charakter erinnert das Gedicht an Ernst Jandls »lichtung«: »manche meinen / lechts und rinks / kann man nicht / velwechsern. / werch ein illtum!«*

Vo dr Tschengla
id Tschalenga

Vo dr Tschalenga
uf d Tschengla

Vo dr Tschengla
ge Bludaz

Vo Bludaz
id Tschalenga

Vo dr Tschalenga
uf d Tschengla

Vo dr Tschengla
id Tschalenga

Vo dr Tschalenga
ge Bludaz

Vo Bludaz
uf d Tschengla

Vo dr Tschengla
id Tschalenga

Vo dr Tschalenga
uf d Tschengla

## Tschengla und Tschalenga (2)

Vo dr Tschengla
uf d Tschalenga abi

Vo dr Tschalenga
uf d Tschengla ufi

Vo dr Tschengla
ge Bludaz

Blick auf Bludenz

Vo Bludaz
uf d Tschengla

Vo dr Tschalenga
ge Bludaz

Vo Bludaz
id Tschalenga

Uf dr Tschengla doba
Z Bludaz
Idr Tschalenga dunna

Vo dr Tschalenga
ge Bludaz

Vo Bludaz
id Tschalenga

Vo dr Tschengla
ge Bludaz

Vo Bludaz
uf d Tschengla

Vo dr Tschengla
uf d Tschalenga abi

Vo dr Tschalenga
uf d Tschengla ufi

# Elisabeth Wäger:
# D'alp

*Wie jedes Kind war auch die Schriftstellerin Elisabeth Wäger von Sagen und Geschichten fasziniert, die ihr von Großeltern und Eltern erzählt wurden. Wäger lag es daran, die Zeugnisse privater Überlieferung festzuhalten. Doch diese Geistergeschichte aus Blons im Großen Walsertal ist nicht nur privater Natur, in ihr stecken »Komponenten, die weit in das kollektive kulturelle Unterbewußtsein zurückreichen« (Baier): besonders der Brauch, für den Geist einen Teil des Mahls überzulassen. Solche »Opferungen« sind aus antiken, vor- und außerchristlichen Kulturen bekannt. Die Niederschrift Wägers spiegelt auch die Eigenart und die Sprachwelt des Dialekts mit seiner Unmittelbarkeit wider. Die Sprache beschränkt sich auf das Notwendigste, was mit dem kargen, arbeitsreichen Leben der Menschen, die die Geschichten erzählen, korrespondiert. Wäger: »Nur manchmal blitzt unvermutet etwas aus dem Alltäglichen heraus, ein Geist, eine Sau, ein Toter. Und schon wird dieser Umstand ohne Frage, ohne Widerspruch und ohne Kommentar in die mündliche Alltagsgeschichte aufgenommen.«*

Übr Bloos domt ischt a alp gsi, wo ma all gesät heat, düt teus goaschta.

Weils gad um dia zit gsi ischt, wo ma uf d'alp got, heat an bur an buab gesuacht zum hüata.

Und a büable heat drufachi beattlat, es möcht im summr uf d'alp.

Dahoam heat d'muattr zum vattr gsät: jo was moanscht, söllamara uffi lo? Wenns do goaschtat, lass a net go.

Abr s'büable jeat beattlat und beattlat und ma heat a denn go lo.

Ama schöna sunntig, so drei wocha nochi, hond dia alta gsät: kum, mr gond gi luaga, winers hei.

Dr buab heat a fröd ka und heat na alls zoagat und es ischt schpot wora.

Dr senn heat denn gsät, si sälland doch hom blieba, ma gäng etz numma achi, si könnan im hö schlofa.

Er heat denn agfanga riebla und es ischt scho dunkl wora und alls ischt uma tisch umighockat und heat gwartat bis dia pfanna voll riebl kunt. Wo denn dr senn dia pfanna ufa tisch gschtellt heat und wo sie denn beatat ka hond, heat er gsät: ihr wissand scho, dass as dohom goaschtat und ihr mond an schöpf riebl übriglo für a goascht.

Dr vattr vo dem büable heat denn agfanga si drübrt luschtig z'macha.

Wo d'pfanna scho fascht leer gsi ischt, heat das oa des andr agluagat und heat gwartat, wer der letscht schöpf übrigloht.

Der wo gschpottat heat, heat gsät, er leass nünt übrig und heat alls ufgeassa.

Und uf oamol ischt d'schtubatür ufganga und wer ischt innako? A su.

Si ischt a dr bank noch umiganga und heat am knü vo dem wo gschpottat heat, gschmeckt.

Dr ma ischt schtuchawiss wora und übara bank achitrolat und ischt tot gsi.

Sus heat ma deam goascht all d'pfanna an boda achigschtellt und dr letscht schöpf ussafreassa lo.

## Die Alpe

Über Blons war eine Alpe. Dort geistert es, hat man gesagt. Wie es um die Zeit, war auf die Alpe zu gehen, hat ein Bauer einen Buben zum Hüten gesucht. Ein Bub hat gebettelt, er möchte im Sommer auf die Alpe. Zu Hause hat die Mutter zum Vater gesagt: Ja, was meinst du, sollen wir ihn hinaufgehen lassen? Wenn es dort geistert, laß ich ihn nicht gehen.

Aber der Bub hat gebettelt und gebettelt, und man hat ihn gehen lassen. An einem schönen Sonntag, ungefähr drei Wochen später, haben die Alten gesagt: Komm, wir gehen nachschauen, wie es ihm geht.

Der Bub hat sich gefreut und hat ihnen alles gezeigt, und es ist spät geworden. Der Senn hat daraufhin gesagt, sie sollen doch heroben bleiben, man ginge jetzt nicht mehr hinunter, sie könnten im Heu schlafen.

Er hat dann angefangen, den Ribl zu machen, es war schon dunkel, und alle sind um den Tisch herum gehockt und haben auf die Pfanne voller Ribl gewartet. Als der Senn dann die Pfanne auf den Tisch gestellt hat und als alle gebetet hatten, hat er gesagt: Ihr wißt, daß es da heroben geistert, und ihr müßt einen Schöpfer Ribl für den Geist übriglassen. Der Vater des Buben hat angefangen sich darüber lustig zu machen.

Als die Pfanne schon fast leer war, haben sie sich alle gegenseitig angeschaut und gewartet, wer den letzten Schöpfer übrigläßt. Der, der gespottet hat, hat gesagt, er lasse nichts übrig, und hat alles aufgegessen.

Und auf einmal ist die Stubentür aufgegangen, und wer ist hereingekommen?

Eine Sau.

Sie ist der Bank entlang gegangen und hat an dem Knie von dem, der gespottet hat, gerochen. Der Mann ist kreidebleich geworden und über die Bank hinuntergefallen und war tot.

Sonst hat man diesem Geist immer die Pfanne auf den Boden gestellt und den letzten Schöpfer heraus fressen lassen.

## John Dos Passos:
## Die schönen Zeiten

*In seinem Buch »Die schönen Zeiten« läßt der große amerikanische Romancier John Dos Passos – laut Untertitel – »Jahre mit Freunden und Fremden« Revue passieren. Einer seiner wichtigsten Weggenossen war Ernest Hemingway. Dos Passos folgte Hem, so sein Spitzname, an viele Orte quer durch Europa, von Paris über Antibes bis Pamplona, wo Hemingway die Idee zu »Fiesta« hatte. Eine dieser Stationen war Schruns im Vorarlberger Montafon, wo Hemingway und seine damalige Frau Hadley den Winter 1925/26 verbrachten und er »Fiesta« abschloß. Für »Devisenausländer« wie den »größten Schriftsteller unserer Epoche« (Sartre 1938 über Dos Passos) war Österreich damals ein billiges Land, die kleine amerikanische Gesellschaft konnte es sich also im Schrunser Hotel Taube gutgehen lassen.*

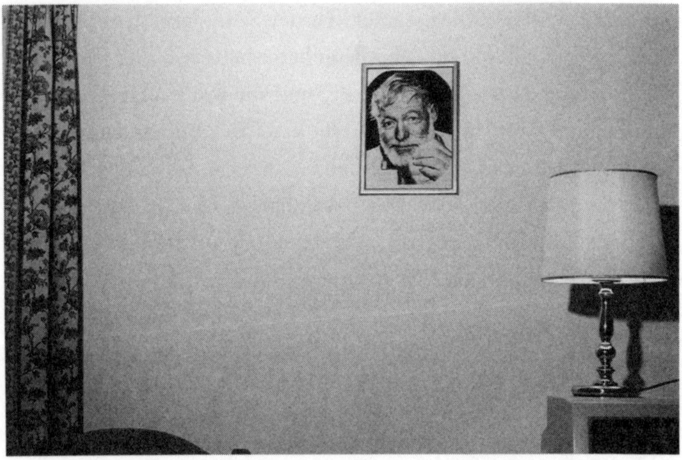

Zimmer im Hotel Taube, Schruns

Die letzte ungetrübte, schöne Zeit mit Hem und Hadley in Europa verbrachte ich in Schruns im österreichischen Vorarlberg. In dem Winter davor hatten wir in Schruns den Skisport entdeckt. Gerald und Sara kamen auch dorthin. Alles war phantastisch billig. Wir wohnten in einem reizenden alten Gasthof mit Kachelöfen, dem Gasthof zur Taube. Wir aßen Forellen blau und tranken heißes Kirschwasser. Das Kirschwasser war in solchem Überfluß vorhanden, daß man es uns zum Abreiben gab, wenn wir von unseren Skiausflügen nach Hause kamen.

Wir beschränkten uns auf den Geländelauf. Zum Klettern benutzten wir Seehundfelle. Das schönste Ziel war das Madlenerhaus auf einer riesigen Schneehalde oberhalb der Ortschaft, eine Art Skihütte, wo es ein prasselndes Kaminfeuer und etwas Warmes zu essen gab. Die Leute hätten nicht netter sein können. Jeder, der einem begegnete, rief »Grüß Gott«. Überall fühlte man sich an die Bilder auf altmodischen Weihnachtskarten erinnert.

Hem stürzte sich Hals über Kopf in das neue Hobby. Er übte unermüdlich. Er mußte unbedingt der Beste sein. Auch Gerald Murphy war auf seine Art ein Perfektionist. Sie wetteiferten miteinander, wer binnen vier Tagen der vollendete Skiläufer sein werde. Beide machten ihre Sache verdammt gut.

Ich glaube allerdings, daß ich mich besser amüsierte als die beiden, weil mir von Anfang an klar war, daß ich es nicht weit bringen würde. Ich war viel zu unbeholfen. Schwitzend und schnaufend arbeitete ich mich auf meinen Seehundfellen bergauf und genoß die Aussicht. Es war nicht allzu kalt, und wenn die Sonne schien, sogar ziemlich heiß. Blaue und purpurne Schatten lagen in Wellen auf den schneebedeckten Gipfeln. Man mußte ein wenig aufpassen, da nachmittags Lawinengefahr bestand. Auf unserer Abfahrt vom Madlenerhaus sah ich eine Lawine zu Tal gehen und war tief beeindruckt.

Bergauf ging's gut, aber bergab mußte ich eine besondere Technik entwickeln, weil ich ganz einfach nicht lernen konnte, eine Ecke zu nehmen. Im besten Fall konnte ich mich hinwerfen. Wenn die Hänge zu steil wurden, hockte ich mich auf meine Skier und verwandelte sie in eine Art Schlitten. Ich wurde mächtig aufgezogen, als sich bei der Ankunft in Schruns herausstellte, daß ich mir ein Loch in den Hosenboden gescheuert hatte.

Bei Tisch kamen wir vor lauter Lachen kaum zum Essen. In dieser Woche in Schruns war jeder nur darauf aus, den anderen zu hänseln. Wir aßen unheimliche Mengen Forellen, tranken Wein und Bier und schliefen wie die Murmeltiere unter den dicken Federbetten. Wir trennten uns wie gute Brüder und Schwestern. Ich war wirklich erschüttert, als ich wenige Monate später erfuhr, Ernest habe Hadley verlassen. Wenn man ein Paar gern mag, möchte man, daß es beisammen bleibt.

## Ernest Hemingway: Paris – ein Fest fürs Leben

*Wie Dos Passos berichtet, war Hemingway beim Schifahren ein Perfektionist. Da hatte er sich genau die richtige Gegend ausgesucht, Vorarlberg war ein Pionierland des Schilaufs: Der Bregenzer Viktor Sohm wagte um die Jahrhundertwende viele Wintererstbesteigungen mit Skiern, er war Lehrer von Hannes Schneider, »dem großen Arlbergschiläufer« (Hemingway) und Miterfinder der »Arlbergtechnik«; 1905/6 fand der erste Schikurs Österreichs in Stuben und Zürs statt; und Schneider wiederum war lange Zeit Partner von Walther Lent, dem Leiter der Schrunser Schischule und Schiführer Hemingways. Zwar überarbeitete Hemingway 1925/26 in Schruns seinen ersten Roman »Fiesta«, wenn man aber den Erinnerungen des sechzigjährigen Nobelpreisträgers trauen darf, verbrachten er und seine erste Frau Hadley die meiste Zeit auf Schiern. Viele Touren führten sie ans Ende des Montafon zum Madlenerhaus – heute an der Silvretta-Hochalpenstraße neben dem Silvretta-Stausee gelegen.*

Als wir in Schruns wohnten, hatten wir einen langen Anmarsch durch das Tal hinauf zu dem Gasthaus, in dem wir übernachteten, ehe wir mit dem Anstieg zum Madlener Haus begannen. Es war ein sehr schönes altes Gasthaus, und das Holz an den Wänden in dem Raum, in dem wir aßen und tranken, war durch jahrelanges Polieren seidig. Tisch und Stühle ebenfalls. Wir schliefen eng beieinander in dem großen Bett unter dem Federbett bei offnem Fenster, und die Sterne waren nah und sehr hell. Morgens nach dem Frühstück beluden wir uns alle und trugen unsere Skier auf den Schultern, um die Straße hinaufzugehen, und begannen den Aufstieg im Dunkeln, und die Sterne waren nah und sehr hell. Die Skier der Träger waren kurz, und sie trugen schwere Lasten. Wir wetteiferten miteinander, wer mit den schwersten Lasten steigen konnte, aber niemand konnte sich mit den Trägern messen, untersetzten, mürrischen Bauern, die nur Montafoner Dialekt sprachen und wie Packpferde stetig emporstiegen, und oben, wo man die Alpenvereinshütte auf einer Felsplatte neben dem schneebedeckten Gletscher errichtet hatte, entluden sie sich ihrer Lasten gegen die steinerne Mauer der Hütte, forderten mehr Geld als den vorher abgemachten Preis und schossen, nachdem sie einen Vergleich zustande gebracht hatten, wie Gnome auf ihren kurzen Skiern hinunter und außer Sicht. Eine unserer Bekannten, die mit uns Ski lief, war ein deutsches Mädchen. Sie war eine große Tourenskiläuferin – klein und schön gewachsen –, die einen so schweren Rucksack wie ich tragen konnte und ihn länger tragen konnte als ich.

Silvretta-Stausee

»Diese Träger sehen einen immer an, als ob sie sich darauf freuten, einen als Leiche runterzutragen«, sagte sie. »Sie bestimmen den Preis für die Tour, und ich hab's noch nie erlebt, daß sie nicht mehr fordern.«

Im Winter in Schruns trug ich einen Bart wegen der Sonne, die mein Gesicht im hohen Schnee so arg verbrannte, und gab auch nichts aufs Haareschneiden. Eines Abends spät, als wir auf Skiern die Holzfällerfährte runterliefen, erzählte mir Herr Lent, daß manche Bauern, denen ich unterwegs auf den Wegen oberhalb von Schruns begegnete, mich den »Schwarzen Christus« nannten. Er sagte, daß manche, wenn sie in die Weinstube kamen, mich den »schwarzen, Kirsch trinkenden Christus« nannten. Aber für die Bauern an dem jenseitigen oberen Ende des Montafons, wo wir die Träger anheuerten, um zum Madlener Haus aufzusteigen, waren wir alle fremdländische Teufel, die ins Hochgebirge gingen, wenn man ihm fernbleiben sollte. Daß wir vor Tageslicht aufbrachen, um nicht an Lawinenstellen zu geraten, wenn die Sonne sie gefährlich machen konnte, sprach auch nicht zu unseren Gunsten. Es bewies nur, daß wir arglistig waren wie alle fremdländischen Teufel.

Ich erinnere mich an den Duft der Tannen und das Schlafen in den Holzfällerhütten auf den Matratzen aus Buchenblättern und das Skilaufen durch den Wald, wenn wir Hasen- und Fuchsspuren folgten. Ich erinnere mich, wie wir in den hohen Bergen oberhalb der Baumgrenze den Spuren eines Fuchses folgten, bis ich ihn zu Gesicht bekam und ihn beobachten konnte, wie er mit erhobenem rechten Vorderlauf dastand und dann behutsam zum Stehen kam und dann lossetzte – und an das Weiß und den Spektakel eines Schneehuhns, das aus dem Schnee hervorbrach und hinweg und über den Kamm flog.

Ich erinnere mich an all die Arten von Schnee, die durch den Wind entstehen konnten, und deren verschiedenartige Tücken beim Skilaufen. Dann, während man in einer hochgelegenen Alphütte war, gab es Schneestürme, und sie schufen eine fremde Welt, durch die wir unseren Weg so behutsam bahnen mußten, als ob wir das Land nie gesehen hätten. Das hatten wir auch nicht, es war ja alles neu. Schließlich, als es dem Frühling zuging, gab es die große Gletscherabfahrt, glatt und gerade, endlos gerade, wenn unsere Beine es durchhalten konnten; die Knöchel aneinandergedrückt, liefen wir ganz tief geduckt, überließen uns der

Erstes Vorarlberger Wintersport-Plakat im Montafoner Tourismusmuseum, Gaschurn

Geschwindigkeit und glitten endlos, endlos im stillen Zischen des körnigen Pulverschnees. Es war schöner als jedes Fliegen oder sonst irgend etwas, und wir entwickelten die Fähigkeit, es zu tun und zu genießen durch die langen Aufstiege mit den schweren Rucksäcken, die wir trugen. Wir konnten den Aufstieg weder erkaufen noch ein Billett zum Gipfel nehmen. Auf dieses Ziel arbeiteten wir den ganzen Winter hin, und der ganze Winter trug dazu bei, es möglich zu machen.

# Autoren und Quellen

**Natalie Beer**: 1903 (Au/Bregenzerwald) – 1987 (Rankweil). Als erstes von 13 Kindern geboren, waren die ersten Lebensjahrzehnte Beers durch die ökonomisch angespannte Lage der Familie bestimmt, auch nach der Übersiedlung nach Rankweil 1924 mußte sie verschiedenen Brotberufen nachgehen. Väterlicherseits geht die Ahnenreihe zurück auf die Barockbaumeisterfamilie Beer – ein Erbe, das ihr stets wichtig war: »Hier also sind die tiefsten Brunnen ihrer formenden Kraft: das urbäuerliche Erbe auf der einen, die künstlerische Ahnenschaft auf der anderen Seite« (Tiefenthaler, 1983). 1933 erschien ihre erste Gedichtsammlung, während ihrer Tätigkeit in der Presseabteilung der Gaufrauenschaft in Innsbruck (ab 1938) und durch die Lektüre der Romane Erwin Guido Kolbenheyers erfolgte die Hinwendung zur Prosa. Nach 1945 wurde ein Veröffentlichungsverbot ausgesprochen, sie veröffentlichte einige Zeit unter dem Pseudonym »Ursula Berngath«, wurde aber bald wieder völlig anerkannt und trotz einer fehlenden Distanzierung von der Hitler-Diktatur mit Preisen und Ehrungen bedacht. Den nach 1945 erschienenen Romanen ist die mythisierende, durch »den harten bäuerlichen Boden in den Bergen« (Tiefenthaler) bestimmte und durch die Ästhetik des »Dritten Reichs« mitgeprägte Verfaßtheit anzumerken.
Natalie Beer: Als noch die Sonne schien. Roman meiner Jugend. Graz, Stuttgart 1978, S. 36–37. © Leopold Stocker Verlag, Graz

**Jürgen Benvenuti**: Geb. 1972 (Bregenz). Gymnasium in Dornbirn, »das ich immer aus tiefster Seele gehaßt habe und dessen Lehrer ich heute noch großteils ohne mit der Wimper zu zucken kalt machen könnte« (1994). Er lebt seit 1993 als freier Schriftsteller in Wien. Mit seinen eigenwilligen Kriminalromanen (»Harter Stoff«, »Leichenschänder«, »Schrottplatz-Blues«) wurde er zum »Shooting-Star der Krimi-Szene« (Pressetext).
Jürgen Benvenuti: Metall Plastik und andere Organe. In: Wolfgang Hermann (Hg.): Kein Innen – kein Außen. Texte über Leben in Vorarlberg. Bregenz 1994, S. 47–48. Abdruck mit freundlicher Genehmigung des Autors.

**Robert Blauhut**: 1911 (Korneuburg) – 1978 (Bregenz). Blauhut schloß 1935 das Studium der Deutschen Philologie mit einer Arbeit zu »Adalbert Stifters Lehre der Vergesellschaftung« ab, er arbeitete nach seiner Übersiedlung nach Vorarlberg als Gymnasiallehrer und Schriftsteller und hatte u. a. die literarische Redaktion der »Bodensee-Hefte« übernommen.
Robert Blauhut: Das Rheintal. In: Ders.: Sprachminiaturen über Vorarlberg. Bregenz 1977, S. 18–21. Abdruck mit freundlicher Genehmigung des Franz-Michael-Felder-Archivs, Bregenz.

**Kurt Bracharz:** Geb. 1947 (Bregenz). Kurt Bracharz ist ein Allrounder: seine Bandbreite umfaßt Kinderbücher, Essays, Journalistisches, Kolumnen für eine Tageszeitung, Kulinaria, Gastrosophisches und Kriminalromane, »die zu den besten ihres Genres im deutschsprachigen Raum gehören« (Klappentext).
Kurt Bracharz: Die grüne Stunde. Kriminalroman. Wien 1993, S. 171–173. © Deuticke Verlag, Wien

**Joseph Anton Bonifaz Brentano:** 1747 (Rapperswil) – 1819 (Bregenz). Brentano, Verleger, Buchdrucker, Chronist, brachte ab 1785 Bregenz als Verlagsort zur Blüte. Sein Schwerpunkt lag, wie im Zeitalter des Absolutismus, geprägt durch Spannungen zwischen Volk und Herrschaft, üblich, auf religiöser Trivialliteratur.
Joseph Brentano: Vorarlbergische Chronik oder Merkwürdigkeiten des Landes Vorarlberg, besonders der Stadt und Landschaft Bregenz. Bregenz 1793, S. 48–49.

**Ignaz Franz Castelli:** 1781 (Wien) – 1862 (ebd.). Nach dem Jura-Studium und verschiedenen Berufen erreichte er als Hoftheaterdichter des Kärntnertortheaters 1811–1814 den Höhepunkt seiner Karriere und Popularität. Danach war er als Höherer Beamter in unterschiedlichen Stellungen tätig; ausgedehnte Reisen durch Europa. Seine über 200 Theaterstücke machten zu Lebzeiten Furore, die Literaturgeschichte hat aber das Verdikt über ihn gesprochen: »Erfolgreicher, aber künstlerisch bedeutungsloser Theaterdichter« – aber immerhin: »bedeutend als Begründer der niederösterreichischen Dialektdichtung« (Wilpert).
Ignaz Franz Castelli: Memoiren meines Lebens. München 1969, S. 150–151.

**Inge Dapunt:** Geb. 1943 (Zams). 1949–68. Schulbesuch und Staatsdienst in Bludenz und Feldkirch, lebt seit 1969 in Salzburg. Veröffentlichungen in Zeitschriften, Anthologien und im Rundfunk.
Inge Dapunt: Vom Schtädtle und vom Ländle. Im Bludazr Dialäkt. Wien, München 1974, S. 59–61. Abdruck mit freundlicher Genehmigung der Autorin.

**John Dos Passos:** 1896 (Chicago) – 1970 (Baltimore). Rechtsanwaltssohn portugiesischer Abstammung, früh durch Reisen gebildet. Dos Passos nimmt als Sanitäter am Ersten Weltkrieg teil, erster Ruhm durch den Weltkriegsroman »Drei Soldaten« (1921), 1925 erscheint sein epochales Werk »Manhattan Transfer«. In derselben Mosaiktechnik schreibt er die »USA-Trilogie« (1930–36) und mehrere weitere Romane.
John Dos Passos: Die schönen Zeiten. In: Vorarlberg (Vierteljahresschrift), H. 1/1972, 10. Jg., S. 12 u. 14. © Rowohlt Verlag, Reinbek

**Franz Michael Felder:** 1839 (Schoppernau) – 1869 (Bregenz). Die überdurchschnittlichen Begabungen Felders fielen früh auf, als Volksschüler verfaßte er eine »Schoppernauer Schülerzeitung«. Zwar wäre er für eine weitere Ausbildung prädestiniert gewesen, aber der Tod des Vaters 1849 erforderte den Einsatz für die Bewirtschaftung des kleinen Bauernguts. Durch Zeitungsabonnements und die Lektüre der Klassiker erwarb er sich umfassende literarische Bildung, erste Schreibversuche folgten. Im Dorf galt er als Sonderling und Außenseiter, von katholisch-konservativer Seite wurde er scharf angegriffen. Er war ein Demokrat, der die Lage der Bauern durch die Gründung von Vereinssennereien, Käsehandlungs- und Viehversicherungsvereinen verbesserte. Der Großteil seines literarischen Werkes entstand nach der Hochzeit 1861 (u. a. die sozialen Romanen »Sonderlinge« und »Reich und Arm«). Nach dem Tod seiner Frau 1868 war er von Trauer gelähmt, die Initiative zur Abfassung der Autobiographie stammte vom Leipziger Germanisten und Herausgeber des Grimmschen Wörterbuchs, Rudolf Hildebrand, einem Förderer und Freund Felders. Felder starb nur ein Jahr nach seiner Frau. »Aus meinem Leben« erschien erst 1904, die Herausgabe der sämtlichen Werke ließ auch lange auf sich warten (1969–1989).
Franz Michael Felder: Aus meinem Leben. Bregenz 1995, S. 226–229.

**Wilhelm Frey:** 1883 (Hohenems) – 1909 (Wien). Frey stammt aus einer der ältesten in der jüdischen Gemeinde Hohenems ansässigen Familien, bis 1812 trug sie den Namen Levi. Im Laufe des 19. Jahrhunderts verarmte die Familie, der Vater Freys war Hausierer. Frey konnte dennoch in Prag eine Ausbildung zum Mittelschullehrer absolvieren. Er arbeitete in der Folge bei einer Eisenbahngesellschaft in Wien und schrieb nebenbei Musikkritiken, ab 1873 wurde er Musikredakteur einer Tageszeitung. Seine in jungen Jahren verfaßten Erzählungen entsprechen durchwegs der erbaulichen, moralischen Jugendliteratur der Zeit.
Wilhelm Frey: Das bunte Haus. Jüdische Erzählungen aus Hohenems. Hg. v. Bernhard Purin. Hard 1996, S. 6–8. © Hecht-Verlag, Hard

**Grete Gulbransson:** 1882 (Bludenz) – 1934 (München). Heute »eine vergessene Dichterin« (Nachbaur), war Grete Gulbransson mit ihrem Roman »Geliebte Schatten« und mehreren Lyrikbänden zu ihrer Zeit vielbeachtet. Nachdem sie Vater und Mutter verloren hatte, zog Margarete Jehly im Alter von 20 Jahren nach München und heiratete 1906 den Maler, Zeichner und Mitarbeiter des »Simplicissimus« Olaf Gulbransson. Das Haus des Ehepaares wurde zu einem beliebten Künstlertreffpunkt (1923 erfolgte die Scheidung). Gulbransson war eine leidenschaftliche Tagebuchschreiberin, im Nachlaß befinden sich 222 durchnumerierte Tagebuchbände.

Grete Gulbransson: Geliebte Schatten. Eine Chronik der Heimat. Dornbirn 1959, S. 12–14. © Vorarlberger Verlagsanstalt, Dornbirn

**Johann Häusle:** Genaue Lebensdaten über die Berufsbezeichnung »Rotgerber« hinaus fehlen, Häusle wurde wahrscheinlich zwischen 1695 und 1700 geboren. Einer wahrscheinlich von Häusle selbst stammenden Genealogie kann man entnehmen, daß »die Familie eine angesehene Position in der Gemeinde innehatte« (Wegscheider).
Ranckhweilische Cronica beschriben durch Johanneß Heüßly, Rothgerber alda. Erster Thaill 1758. Hg. v. Ilse Wegscheider. S. 20–21.

**Monika Helfer:** Geb. 1947 (Au/Bregenzerwald). In Bregenz und bei Bludenz aufgewachsen, lebt als freie Schriftstellerin in Hohenems. Helfer ist eine der beständigsten und arriviertesten Schriftstellerinnen Österreichs, seit »Die wilden Kinder« (München 1984; Verfilmung 1986) veröffentlicht sie kontinuierlich Romane, darüber hinaus Hörspiele, Theaterstücke, Drehbücher etc.
Monika Helfer: Mein Wald. In: V #3 (Zeitschrift des Vorarlberger Schriftstellerverbandes), Themenheft Mehrerau, Juni 1999, S. 138–144. Abdruck mit freundlicher Genehmigung der Autorin.

**Ernest Hemingway:** 1899 (Oak Park/Ill.) – 1961 (Ketchum/Idaho). Beginn der Schreibtätigkeit als Reporter, 1918 Kriegsfreiwilliger an der italienischen Front, 1921–27 in Europa, hauptsächlich Paris, danach lange Zeit Niederlassung in Kuba; 1953 Pulitzerpreis, 1954 Nobelpreis. Hemingway stellte 1925/26 in Vorarlberg den Roman »Fiesta« fertig, der noch 1926 erschien. »A Moveable Feast« (Paris – ein Fest fürs Leben) erschien postum 1964, der Autor arbeitete bis kurz vor seinem Tod daran. Die Erinnerung an den Vorarlberger Winter findet auch Platz in der Erzählung »Schnee auf dem Kilimandscharo«, die Erzählung »Ein Gebirgsidyll« spielt auf der Tiroler Seite der Silvretta. »Die Montafoner Fremdenverkehrsfachleute können mit Hemingway zufrieden sein. Mehr gute Nachrede kann keiner verlangen.« (Sandner)
Ernest Hemingway: Paris – ein Fest fürs Leben. Reinbek 1999, S. 175–178. © Rowohlt Verlag, Reinbek

**Wolfgang Hermann:** Geb. 1961 (Bregenz). In Dornbirn aufgewachsen; Studium der Philosophie, Promotion 1986. Lange Auslandsaufenthalte, bevorzugt in Frankreich. Der oftmals ausgezeichnete freie Schriftsteller schreibt Hörspiele, Theaterstücke, Kurzprosa, Romane, übersetzt und kann auf zahlreiche Publikationen in namhaften Verlagen verweisen. Die Arbeit über Dornbirn bildet eine Ausnahme im Werk Hermanns, sonst sind konkrete Umgebungen höch-

stens Inspiration oder Anhaltspunkte für sein Abtasten des Spannungsfelds zwischen inneren und äußeren Topographien und Verfaßtheiten.
Wolfgang Hermann: Mein Dornbirn. Hard 1991, S. 5–7 u. S. 33–35. © Hecht-Verlag, Hard

**Lina Hofstädter:** Geb. 1954 (Lustenau). Studium der Germanistik und Anglistik in Innsbuck, seit 1978 in der Erwachsenenbildung in Tirol tätig. Die vielseitige Autorin legt einen Schwerpunkt ihrer Arbeit auf Kurzprosa (ein Bereich, der ihr bereits mehrere Preise einbrachte), veröffentlichte aber auch einen Roman (»Tillmanns Schweigen«, Innsbruck 1993) und schreibt für das Theater.
Lina Hofstädter: Lustenauer Idyllen. In: Kindheit im (Nach)Krieg. 4. Katalog des Vorarlberger Autorenverbandes. Hard 1988, S. 59–63. Abdruck mit freundlicher Genehmigung der Autorin.

**Ludwig von Hörmann:** 1837 (Feldkirch) – 1924 (Innsbruck). Studium der Rechtswissenschaft, der klassischen und deutschen Philologie. Seit 1866 Bibliotheksbeamter, ab 1882 Direktor der Innsbrucker Universitätsbibliothek. 1864 erschien sein erstes wissenschaftliches Werk, »Mythologische Aufzeichnungen«. Aber Hörmann zog sich »von dem durchackerten philologischen Arbeitsfelde zurück, um sich ganz der fruchtbaren und wichtigeren Rettungsarbeit auf volkskundlichem Gebiete zuzuwenden« (Nägele, 1924). In der »rettenden« Sammlertätigkeit Hörmanns (Sagen und anderes Sprachgut: z. B. »Marterln und Grabinschriften«, »Hausssprüche aus Vorarlberg«) und seiner volkskundlichen Typologie (»Tiroler Volksleben« und »Tiroler Volkstypen«) waren Tendenzen angelegt, die ihm Applaus von national-konservativer Seite eintrugen.
Ludwig von Hörmann: Wanderungen in Vorarlberg. Innsbruck 1895, S. 124–126.

**Roland Jörg** (Eigenangabe): »1960 in Bregenz geboren und aufgewachsen. Studium der Germanistik und Geschichte in Innsbruck. Arbeitet im Kulturamt der Stadt Bludenz. Literarische Veröffentlichungen in Zeitschriften.«
Roland Jörg: begrenzt. In: die graugans, hg. v. Roland Jörg u. Roger Vorderegger. Nr. 3, S. 9. Abdruck mit freundlicher Genehmigung des Autors.

**Angelika Kaufmann:** 1741 (Chur) – 1807 (Rom). Die Malerin wurde hauptsächlich vom Vater ausgebildet. Sie durchlief eine für eine Fau in der damaligen Zeit ungewöhnliche Karriere: 1762 Aufnahme in die Künstlervereinigung »Academia Clementina« in Bologna, in Rom Mitglied der »Academia di San Luca«, zahlreiche Aufträge für Herrscherportraits. 1766 Übersiedelung nach London, Gründungsmitglied der Königlichen Akademie der Künste. 1781 Heirat mit dem venezianischen Maler Antonio Zucchi, 1782 Übersiedlung nach

Italien. Die Tatsache etwa, daß sie das Angebot der Königin von Neapel, sie zur Hofmalerin zu ernennen, nicht annahm, legt dar, daß sie erfolgreich und in der Lage war, sich ihre Unabhängigkeit zu leisten. Und der Umstand, daß man nach dem Tod Kaufmanns ihre Büste im Pantheon aufstellte, zeugt von der großen Anerkennung, die man ihr zollte.
Angelika Kaufmann: Brief an den Landamann Josef Anton Metzler. Andere (nicht der hier herangezogene) Briefe sind ausschnittweise abgedruckt in: Schwarzenberger Gmuonsblättle – Sonderheft »Angelika Kaufmann«. Schwarzenberg 1992, o. S.

**Michael Köhlmeier:** Geb. 1949 (Hard). Studium der Germanistik und Politologie in Marburg a. d. Lahn und der Mathematik und Philosophie in Gießen. Viele Jahre journalistische Tätigkeit und Mitarbeit beim ORF, lebt als freier Schriftsteller in Hohenems. Vielseitiger, sehr produktiver und auf die Kraft des Erzählens bauender Autor: Kabarett, Drehbücher, Erzählungen, Romane, Theaterstücke, Hörspiele. Mit seinen im Radio ohne Skript nacherzählten klassischen griechischen Sagen hatte er in Österreich großen Erfolg.
Michael Köhlmeier: Die Leute von Lech. Fotos von Konrad R. Müller. Innsbruck 1994, S. 92–93 u. S. 98. © Haymon Verlag, Innsbruck

**Regina Lampert:** 1854 (Schnifis) – 1942 (Zürich). Einer kinderreichen, armen Familie entstammend, mußte Lampert von Kindheit an arbeiten. Die Eltern waren Gelegenheitsarbeiter, der Vater fertigte zu Hause – mit Unterstützung der Kinder – Küblerware. Nach ihrer Saisonarbeit in Oberschwaben war sie als Magd auf Vorarlberger Bauernhöfen und in einem Ausflugsgasthaus und als Dienstbotin in Feldkirch tätig. Nachdem ihr Bruder in der Nähe von St. Gallen ein eigenes Baugeschäft eröffnete, zog sie zu ihm in die Schweiz. 1881 heiratete sie, 1893 übersiedelte sie nach Zürich, ihr Mann starb bereits 1899. Sie arbeitete weiter in verschiedenen Berufen: Wirtin, Modistin, Zimmervermieterin in einer Pension. Trotz ihres harten Schicksals war sie eine lebensbejahende, mitunter lebenslustige Person, die für ihre unterhaltsamen Erzählungen geschätzt wurde.
Regina Lampert: Die Schwabengängerin. Erinnerungen einer jungen Magd aus Vorarlberg 1864–1874. Hg. v. Bernhard Tschofen. Zürich 1996, S. 53–55. © Limmat Verlag, Zürich

**Ulrike Längle:** Geb. 1953 (Bregenz). Studium der Deutschen Philologie und Romanistik in Innsbruck und Poitiers. Neben ihrer schriftstellerischen Tätigkeit, von der vor allem ihre prägnante Kurzprosa viel beachtet wurde, arbeitet Längle eifrig im »Literaturbetrieb« mit: Sie führte verschiedene Lehrtätigkeiten an Universitäten durch, sie gab zahlreiche Bücher heraus, sie übersetzte aus dem Italienischen, seit 1984 ist sie (seit 1999 gem. mit Jürgen Thaler) Leiterin

des Bregenzer Franz-Michael Felder-Archivs, 1996 war sie Gastprofessorin für Schriftsteller in Austin/Texas, seit 1998 nimmt sie am Ingeborg-Bachmann-Wettbewerb in Klagenfurt als Jurorin teil.
Ulrike Längle: Mit der Gabel in die Wand geritzt. Gedichte. Uhldingen 1999, S. 20–21. Abdruck mit freundlicher Genehmigung der Autorin.

**Paula Ludwig:** 1900 (Altenstadt/Feldkirch) – 1974 (Darmstadt). Ihre Kindheit verbrachte Paula Ludwig in Altenstadt, das damals noch kein Ortsteil von Feldkirch war. 1907 verließ der Vater, ein aufrechter, engagierter Sozialist, die Familie, 1910 übersiedelte die Mutter mit den drei Kindern nach Linz, 1914 kamen die Kinder zum Vater nach Breslau. 1917 wurde Ludwig Mutter und zog ihren Sohn alleine auf. 1919 erster Gedichtband, 1923 Übersiedlung nach Berlin, 1927 u. 1932 weitere vielbeachtete Gedichtbände. 1934 verließ sie wegen der politischen Lage Deutschland, 1938 Österreich. Nach mehreren Fluchtstationen erreichte sie 1940 Brasilien, wo sie bei Freunden unterkam. Nach der Rückkehr 1953 wurde ihr wechselvolles Leben jedoch nicht ruhiger und die schwierige ökonomische Situation nicht besser, hinzu kamen gesundheitliche Probleme. Ihr Werk war mittlerweile fast gänzlich vergessen, ihr Antrag auf Wiedergutmachung 1957 wurde abgelehnt. Die Dichterin wechselte häufig ihre Wohnorte in Deutschland, in den letzten zehn Jahren ihres Lebens stellte sich dann doch Anerkennung durch einige Preise und Ehrungen ein.
Paula Ludwig: Buch des Lebens. Ebenhausen b. München 1990, S. 8–11.


**Norbert Mayer:** Geb. 1958 (Egg/Bregenzerwald). Lebt und arbeitet als Lehrer und Autor in Schwarzenberg im Bregenzerwald, laut Eigenangabe »vielfältige publizistisch/aktionistisch/künstlerische tätigkeit«. Für »simultan stimulation« arbeitete Mayer – bezeichnend für seinen offenen Kunstbegriff – mit dem bildenden Künstler Harald Gfader zusammen.
Norbert Mayer: simultan stimulation. Feldkirch 1990, o. S. Abdruck mit freundlicher Genehmigung des Autors.

**Wolfgang Mörth:** Geb. 1958 (Bregenz). Vielseitiger Schriftsteller, schreibt Erzählungen, Theaterstücke, Drehbücher, veranstaltet »Textmusik Performances«. »Seit frühester Kindheit Vergeudung vielversprechender Talente. Stets abgelenkt von den Nöten und Genüssen des Augenblicks. Immer viel Zeit verschwendet und nie etwas wirklich bereut. Seit einigen Jahren literarischen Impulsen nachgebend.« (Eigenangabe, 1994)
Wolfgang Mörth: Rebland – Webland. In: Bregenzer Kunstverein (Hg.): Paul Renner. In, auf und jenseits von Bregenz (Ausstellungskatalog). Bregenz 1992, S. 49. Abdruck mit freundlicher Genehmigung des Autors.

**Petra Nachbaur:** Geb. 1970 (Bludenz). Studium der Vergleichenden Literaturwissenschaft und Germanistik; literaturwissenschaftliche Arbeiten; Literaturkritik; literarische Veröffentlichungen seit 1994. Seit Anfang 2000 im Rahmen eines Forschungsprojekts zu Max Riccabona am Brenner-Archiv der Universität Innsbruck tätig.
Petra Nachbaur: ocean boy 1000. In: Allmende, Nr. 58/59, 18. Jg. 1998, S. 254. Abdruck mit freundlicher Genehmigung der Autorin.

**Max Riccabona:** 1915 (Feldkirch) – 1997 (Lochau). DDr. der Rechts- und Staatswissenschaften; Jugend in Schweizer Sanatorien und Lyceen, Auslandsstudien in mehreren europäischen Städten. »Zeitweise Agent aus Abenteuerlust und Geheimkorrespondent des Vatikans« (Klappentext 1980). Einberufung zur Wehrmacht, Gefängnis und Deportation ins KZ (über seine Zeit in Dachau verfaßte er das Buch »Auf dem Nebengeleise«, Innsbruck 1995); nach dem Krieg Advokatentätigkeit. Riccabona war ein Doyen der Vorarlberger Literatur und ein wichtiger Vertreter der österreichischen avantgardistischen Literatur in Nachfolge des Dadaismus, veröffentlichte z. T. unter Pseudonymen (»Eduard von Hochprück«, »Eduard von Pontealto«, »Pontornello«), 1980 erscheint ein Teil seines unabschließbaren, weil völlig offenen Opus magnum unter dem Titel »Bauelemente zur Tragikomödie des x-fachen Dr. von Halbgreyffer oder Protokoll einer progressivsten Halbbildungsinfektion«.
Max Riccabona: Epiphanien in der Löwenschwemme. James Joyce in Vorarlberg. In: Protokolle, Heft 1/1977, S. 133–141. Abdruck mit freundlicher Genehmigung des Brenner-Archivs, Innsbruck.

**Oscar Sandner:** Geb. 1927 (Bregenz). Studium der Kunstgeschichte, Archäologie und Germanistik, Lektor für Kunstgeschichte an der Universität Innsbruck, zahlreiche wissenschaftliche Arbeiten und kuratierte Ausstellungen. Er versuchte stets, auch während seiner Tätigkeit als Bregenzer Kulturreferent (bis 1989), Kunst abseits des offiziellen, auf die Bregenzer Festspiele konzentrierten Bereichs zu fördern, er war Herausgeber der Vierteljahresschrift »Vorarlberg« (1971 eingestellt), Mitbegründer des Vereins »Bregenzer Kulturproduzenten«, Organisator der Veranstaltungsreihe »Randspiele«. In letzter Zeit konzentrierte sich Sandner wieder vermehrt auf seine Literatur und brachte das große Romanprojekt mit dem Arbeitstitel »Das Leben ist hart in den Bergen« zum Abschluß.
Oscar Sandner: Rom liegt mir näher als Bregenz. In: Protokolle 1991, S. 67 u. S. 83–84. Abdruck mit freundlicher Genehmigung des Autors.

**Johann Georg Schleh:** Über die genaueren Lebensumstände des Verfassers der »Emser Chronik«, wie das zitierte Werk kurz genannt wird, ist nichts bekannt, er war jedenfalls Beamter bei den Grafen von Hohenems.

Johann Georg Schleh: historische Relation oder Eygentliche Beschreibung der Landschaft underhalb St. lucis Stayg und die Schallberg beyderseids Rheins biß an den Bodensee, so under die Rhetiam gezehlt, unnd die under Rhetia mag genennt werden. Markt Embs 1616, S. 30.

**Robert Schneider:** Geb. 1961 (Bregenz). In Meschach aufgewachsen, wo er mittlerweile wieder wohnt. 1981–86 Studium der Komposition, Kunstgeschichte und Theaterwissenschaft in Wien. Vor »Schlafes Bruder« (1992) bereits zwei Preise, ein Stipendium, danach das erfolgreiche Stück »Dreck« und der Roman »Die Luftgängerin«. Zur Legende des Erfolgs von »Schlafes Bruder« gehören folgende Ingredienzen: Ablehnung des Manuskripts durch 23 Verlage, nach Erscheinen euphorische Rezensionen, Überschreitung der Millionengrenze der verkauften Exemplare, zahlreiche Preise, Übersetzung in über zwei Dutzend Sprachen, Verfilmung durch Joseph Vilsmaier, »vom Pfalztheater Kaiserslautern als Ballett vertanzt« (Verlagstext), von Herbert Willi als Oper vertont.
Robert Schneider: Schlafes Bruder. Roman. Leipzig 1994, S. 30 u. S. 32–33.


**Gustav Schwab:** 1792 (Stuttgart) – 1850 (ebd.). Nach dem Studium der Theologie, Philosophie und Philologie in Tübingen und einigen ausgedehnten Reisen arbeitete Schwab als Sprachlehrer, Zeitungsredakteur und auch als Pfarrer an verschiedenen Orten seiner schwäbischen Heimat. Er war mit seiner spätromantisch-biedermeierlichen Lyrik Mitglied des »Schwäbischen Dichterkreises«. Neben seinem Wirken für die Erhaltung alten Volksguts wurde er besonders durch die Herausgabe und Nacherzählung klassischer und deutscher Sagen bekannt. Die deutlich in der Uhland-Nachfolge stehende Ballade »Der Reiter und der Bodensee« gehört zu seinen bekanntesten Werken, nach Doris und Dieter Schiller könnte dem Text eine Quelle aus dem 16. Jahrhundert zugrunde liegen, nach der ein Postvogt 1573 zweimal den See mit dem Pferd überquerte.
Gustav Schwab: Der Reiter und der Bodensee. In: Ders.: Der Bodensee nebst dem Rheintal von St. Luziensteig bis Rheinegg. Stuttgart, Tübingen 1827, S. 491–492.

**Ludwig Steub:** 1812 (Aichach/Oberbayern) – 1888 (München). Jura-Studium, danach Anstellungen an verschiedenen Gerichten, u. a. zwei Jahre in Griechenland. Nach der Rückkehr Niederlassung als Rechtsanwalt. Daneben Tätigkeit als Ethnograph, Kulturhistoriker und Reiseschriftsteller; Steub verstand sich als Vermittler zwischen seinem bürgerlich-städtischen Publikum und der bäuerlichen Traditionen. Bekannt wurde er vor allem durch das topographische Erinnerungsbuch »Drei Sommer in Tirol«, das mehrere Auflagen erlebte.
Ludwig Steub: Streifzüge durch Vorarlberg. München 1908, S. 12–14.

**Kundeyt Surdum:** Geb. 1937 (Konya/Türkei). Er studierte Deutsche Philologie in Istanbul und lebt seit 1971 in Vorarlberg. Er übersetzte u. a. Celan, Krolow oder Bachmann ins Türkische, arbeitete als Lehrer, mittlerweile ist er freier Schriftsteller und schreibt Gedichte, Hörspiele und Kurzprosa. Er wurde u. a. mit dem Johann-Peter-Hebel-Preis des Landes Baden-Württemberg ausgezeichnet.
Kundeyt Surdum: Landlos. Türken in Vorarlberg. Mit Fotos von Nikolaus Walter. Salzburg 1991, S. 36. Abdruck mit freundlicher Genehmigung des Autors.

**Elisabeth Wäger:** Geb. 1942 (Rankweil). Arbeitet als Dramaturgin in Wien. Zahlreiche Fernseh- und Hörspielarbeiten, Lyrik und Prosa; zuletzt »MANGO – Ein automatischer Frauenroman« (Monodrama, 1998) und »Du kochst so gut, Mama« (Monolog, 1998).
Elisabeth Wäger: D'alp. Aufzeichnung/Übersetzung einer mündlichen Überlieferung. Abdruck mit freundlicher Genehmigung der Autorin.

# Adressen und Hinweise

Vorarlberg Tourismus
Tourismushaus, Bahnhofstraße 14, Postfach 302, A-6901 Bregenz
Tel. 05574-425250, Fax 05574-425255
E-Mail: info@vbgtour.at; www.vorarlberg-tourism.at

## Bregenz

*Franz-Michael-Felder-Archiv der Vorarlberger Landesbibliothek*
(Nachlässe, Editionen, Datenbanken, Veranstaltungen)
Kirchstraße 28, A-6900 Bregenz
www.vlr.gv.at/vlb/felder

*Vorarlberger Landesbibliothek*
Die am Fuße des Gebhardsberges idyllisch im Grünen gelegene Landesbibliothek ist in einem ehemaligen Kloster untergebracht, im beeindruckenden Kuppelsaal – vormals das Kircheninnere – finden Lesungen statt. Direkt an diese moderne, sehr benutzerfreundliche Entlehnbibliothek schließt »Babenwohl« an, ein klassizistisches Schlößchen, in dem die Mutter Grete Gulbranssons ihre Kindheit verbrachte (in »Geliebte Schatten« nachzulesen).
Fluherstraße 4, A-6901 Bregenz, Tel. 05574-511-44100
Öffnungszeiten: MO bis FR 9.00–18.30 Uhr, SA 9.00–12.30 Uhr
www.vorarlberg.at/vlb

## Hohenems

*Jüdisches Museum Hohenems*
Villa Heimann-Rosenthal, Schweizer Straße 5, A-6845 Hohenems,
Tel. 05576-73989
Öffnungszeiten: MI 10.00–21.00 Uhr, DO bis SO u. feiertags 10.00–17.00 Uhr

*Jüdischer Friedhof Hohenems*
Der Jüdische Friedhof befindet sich im Süden der Stadt (Hauptstraße Richtung Götzis bis zum Ortsende, dort die Kaiser-Franz-Josef-Straße bis zum Waldrand). Er ist seit dem frühen 17. Jahrhundert belegt und ist die älteste religiöse Institution der jüdischen Gemeinde von Hohenems. Hier finden heute noch Begräbnisse statt.

## Feldkirch

*Schloß Amberg*

Das Schloß, in dem Paula Ludwig ihre ersten Lebensjahre verbrachte, gehört heute der Familie Scheyer und wird sommers als Frühstückspension geführt. Das idyllisch gelegene, gut ausgestattete Gebäude liegt ca. 30 Gehminuten vom Zentrum Feldkirchs entfernt.

Schloß Amberg, A-6800 Feldkirch, Tel. 05522-22419

## Schoppernau

*Franz-Michael-Felder-Stube*

Das Geburtshaus Felders ist öffentlich nicht zugänglich, es wird von Nachfahren des Schriftstellers bewohnt. Im Gemeindeamt wurde eine sehenswerte »Franz-Michael-Felder-Stube« eingerichtet: Gemeindeamt Schoppernau, Unterdorf 2, A-6886 Schoppernau

Öffnungszeiten: werktags 8.00–12.00 Uhr u. 14.00–17.30 Uhr

Tourismusinformation Schoppernau: Tel. 05515-2495

## Thüringen

*Villa Falkenhorst*

Die Villa, in der die Familie Douglas und die Mutter Grete Gulbranssons nach der Heirat bis zum Tod Sholto Douglas' wohnte, wird nach der Renovierung seit dem Frühjahr 2000 als Kulturzentrum der Gemeinde Thüringen benützt.

Information: Gemeindeamt Thüringen, A-6712 Thüringen, Tel. 05550-221121

## Schruns

*Hotel Taube*

Silvrettastraße 1, A-6780 Schruns, Tel. 05556-72384

Der Fremdenverkehrsverein Schruns/Tschagguns bietet ein eigenes »Hemingway-Package« an. Information: Schruns Tourismus, Postfach 145, Haus des Gastes, A-6780 Schruns, Tel. 05556-72166-0

E-Mail: schruns.tourismus@vol.at; www.schruns.at

## Gaschurn

*Montafoner Tourismusmuseum*

Die Einrichtung des Museums stellt die Zeit um 1900 dar, die Ausstellung veranschaulicht die Erschließung der Berge. Man kann hier auch einen Eindruck gewinnen, wie der Wintertourismus im Montafon zur Zeit des Aufenthalts von Ernest Hemingway und John Dos Passos aussah.

Montafoner Tourismusmuseum, Dorfzentrum, A-6793 Gaschurn,
Tel. 05558-8201

Öffnungszeiten: DI + FR 16.00–18.00 Uhr

Die Deutsche Bibliothek – CIP-Einheitsaufnahme

Literarische Reisen durch Vorarlberg / Barbara Higgs. Hrsg.: Wolfgang Straub.
– Frankfurt am Main : Eichborn, 2000
(Wegen der Gegend)
ISBN 3-8218-0521-8


Umschlaggestaltung: Christina Hucke
unter Verwendung eines Fotos von Paul Albert Leitner
Karte: © Schubert + Franzke, St. Pölten 2000
Satz: Fuldaer Verlagsagentur, Fulda
Druck und Bindung: Wiener Verlag, Himberg
ISBN 3-8218-0521-8

Verlagsverzeichnis schickt gern:
Eichborn Verlag, Kaiserstraße 66, D-60329 Frankfurt am Main
http://www.eichborn.de

Hirschegg, Kleines Walsertal, »Idylle«

***»Am liebsten möchte man sich gleich mit diesem schön aufgemachten Buch auf Entdeckungsreise begeben.«***

**Badische Neueste Nachrichten**

Barbara Higgs
Wolfgang Straub (Hrsg.)
Wegen der Gegend
***Literarische Reisen durch Niederösterreich***
128 S. • geb. m. SU
DM 27,–/öS 197,–
ISBN 3-8218-0566-8

Österreichs größtes Bundesland – das Land um Wien – fasziniert besonders durch seine landschaftliche Vielfalt: Ausläufer der Alpen, klassische Sommerfrische am Semmering, das rauhe Waldviertel, das sanfte Weinviertel, Marchfeld, Wachau und natürlich die Donau.

Österreichische und internationale Autoren machen die Region auf unausgetretenen Pfaden zugänglich und zeigen Menschen und Begebenheiten, Sitten und Gebräuche in neuem Licht.

Mit Texten von: *Peter Altenberg, H. C. Artmann, W. H. Auden, Heimito von Doderer, Franz Kafka, Karl Kraus, Elfriede Jelinek, Reinhard Priessnitz, Arthur Schnitzler, Jutta Schutting* und vielen anderen.

***»Eine Einstimmung der besonderen Art.«***

**Frankfurter Neue Presse**

Barbara Higgs
Wolfgang Straub (Hrsg.)
Wegen der Gegend
***Literarische Reisen durch Tirol***
144 S. • geb. m. SU
DM 27,–/öS 197,–
ISBN 3-8218-0596-X

Tirol, »das Herz der Alpen«, fasziniert durch seine prachtvolle Bergwelt und reiche Tradition. Wie kein anderes österreichisches Bundesland ist es geprägt durch Vorstellungen und Erwartungen.

Diese Entdeckungsreise mit österreichischen und internationalen Autoren zeigt Menschen und Landschaften, Gebräuche und Mythen jenseits der Klischees in neuem Licht.

Mit Texten von: *Hermann Broch, Johann Wolfgang von Goethe, Norbert Gstrein, Ernest Hemingway, Felix Mitterer, Ingrid Strobl* und vielen anderen.

***Außerdem erhältlich:***

Wegen der Gegend
***Literarische Reisen durch Vorarlberg***
ISBN 3-8218-0521-8

DEUTSCHLAND
SCHWEIZ
LIECHTENSTEIN
SCHWEIZ
Tirol
Bodensee
Lochau
BREGENZ
Pfänder 1063
Pfändertunnel (6719 m)
Langen b. B.
Sulzberg
Hard
Fußach
Kennelb.
Riefensberg
Buch
Krumbach
Langenegg
Buch
Burgen
Hittisau
Wolfurt
Alberschwende
Lustenau
Schwarzach
Egg
Lingenau
Sibratsgfäll
Schwarzenberg
Andelsbuch
Dornbirn
Bersbuch
Karren
Rappenloch-schlucht
Reute
Bezau
Altach
Hohenems
Schönenbach-vorsäß
Ebnit
Reuthe
Bizau
Koblach
Meschach
Mellau
Bregenzerwald-Bundesstraße
H. Ifen 2230
Riezlern
Hirschegg
Götzis
Bregenzerwald
Bregenzer Ach
Kanisfluh
Zollausschluß-gebiet
Fraxern
H. Freschen 2004
Au
Mittelberg (1215)
Rhein
Viktorsberg
Röthis
Schoppernau
Kleinwalsertal
Meiningen
Sulz
Damüls
Baad
Breitach
Rankweil
Bad Laterns
Altenstadt
Amberg
Furkajoch 1760
Faschina
Innerlaterns
Hochtannbergp. 1679
Hochkrumbach
Feldkirch
Tälispitze 2000
Fontanella
Buchboden
Warth (1494)
Sonntag
Satteins
Schnifis
Blons
Gr. Walsertal
Schlins
Bludesch
Thüringen
Lech
Ludesch
Rote Wand 2704
Nenzing
Walgau
Zug
Bludenz
Flexenstraße
Gamperdonatal
Innerbraz
Spullersee
Zürs
Flexenpaß 1773
Bürserberg
Bürs
Wald a. A.
Klösterle
Stuben
Arlbergpaß 1793
Brandnertal
Rosenegg
Eröffnung 1997
Klostertal
Zimba 2643
St. Anton i.M.
Dalaas
Brand
Bartholomäbg.
Arlbergtunnel (13972 m)
Vandans
Silbertal
Montafon
Schruns
Schesaplana 2965
Lünersee
Tschagguns
Hochjoch 2520
Kaltenberg 2896
Verwallgruppe
St. Gallenkirch
Sulzfluh 2818
Madererspt. 2769
Sarotla
Gaschurn
Gargellen
Partenen
Vergalda
Silvretta-Hochalpenstraße
Vallüla 2813
Silvretta-Stausee
Gr. Seehorn 3121
Piz Buin 3312